AusBlick 2
Deutsch für Jugendliche und junge Erwachsene

Arbeitsbuch

von Anni Fischer-Mitziviris

Hueber Verlag

4. 3. 2. | Die letzten Ziffern
2014 13 12 11 10 | bezeichnen Zahl und Jahr des Druckes.
Alle Drucke dieser Auflage können, da unverändert, nebeneinander benutzt werden.
1. Auflage

Redaktion: CoLibris-Lektorat Dr. Barbara Welzel, Göttingen
Umschlagfoto: © plainpicture/T. Reutter
Zeichnungen: Michael Luz
Druck und Bindung: Ludwig Auer GmbH, Donauwörth
Printed in Germany
ISBN 978-3-19-011861-8

Inhalt

Grammatik

1 Junge Leute in Deutschland 6
Übungen zur Lektion **6**
Lernwortschatz/Wortschatzübungen **22**
Lernerfolgskontrolle **27**

Modalverben in der Gegenwart und der Vergangenheit
Umschreibung der Modalverben
Infinitiv mit und ohne *zu*

Schreibtraining Leserbrief: Inhaltspunkte eines Leserbriefs identifizieren

Aussprachetraining: Satzakzent; Einzellaute *ei/eu/äu/au*

2 Konsum und Umgang mit Geld 28
Übungen zur Lektion **28**
Lernwortschatz/Wortschatzübungen **40**
Lernerfolgskontrolle **45**

Finalsätze mit *um … zu / damit / zur, zum*
ohne … zu / statt … zu / ohne dass / statt dass
Formen der Aufforderung

Schreibtraining Leserbrief: Sätze innerhalb eines Abschnitts logisch miteinander verbinden

Aussprachetraining: Wortakzent; Umlaute

3 Lesen und hören – echt spannend! 46
Übungen zur Lektion **46**
Lernwortschatz/Wortschatzübungen **55**
Lernerfolgskontrolle **59**

die verschiedenen Bedeutungen von *es*
Bildung und Gebrauch des Passivs

Schreibtraining Leserbrief: Wortschatzarbeit

4 Gefilmte und reale Welt 60
Übungen zur Lektion **60**
Lernwortschatz/Wortschatzübungen **72**
Lernerfolgskontrolle **78**

temporale Angaben
verschiedene Verwendungen von Partizip I und II
Negation

Schreibtraining Leserbrief: sich häufige Grammatikfehler bewusst machen

Aussprachetraining: auf eine richtige Aussprache achten

Grammatik

5 Unsere Umwelt heute – und morgen? 79
Übungen zur Lektion **79**
Lernwortschatz/Wortschatzübungen **92**
Lernerfolgskontrolle **98**

konditionale Angaben
hypothetische Bedingungen (Konjunktiv II)
Passiversatz

Schreibtraining Leserbrief: falsche Wörter identifizieren

Aussprachetraining: Texte richtig sprechen

6 Regionen 99
Übungen zur Lektion **99**
Lernwortschatz/Wortschatzübungen **111**
Lernerfolgskontrolle **116**

Modalpartikeln
unpersönliche Redeweise mit *man* und *jemand*
lokale Angaben
temporale Angaben
Nominal- und Verbalstil

Schreibtraining: Grammatik- und Ausdrucksfehler korrigieren

Aussprachetraining: auf Betonung achten

7 Sucht und Abhängigkeit 117
Übungen zur Lektion **117**
Lernwortschatz/Wortschatzübungen **131**
Lernerfolgskontrolle **137**

doppelte Konjunktionen
konzessive Angaben
Plusquamperfekt (Vorzeitigkeit)
Redewiedergabe in der Gegenwart und in der Vergangenheit

Schreibtraining Leserbrief: Sätze und Inhaltspunkte miteinander verbinden

8 Wie wir miteinander umgehen 138
Übungen zur Lektion **138**
Lernwortschatz/Wortschatzübungen **145**
Lernerfolgskontrolle **151**

Relativsätze (*wer, wem, wen*)
konsekutive Angaben
Umformung von Partizipialkonstruktionen in Relativsätze

Schreibtraining Leserbrief: Inhaltspunkte eines Leserbriefs ausreichend bearbeiten

Aussprachetraining: *r*, lange und kurze Vokale

Grammatik

9 Was bedeutet eigentlich *schön*? 152
Übungen zur Lektion **152**
Lernwortschatz/Wortschatzübungen **163**
Lernerfolgskontrolle **169**

Adjektivdeklination, auch nominalisierte Adjektive
Ausdrücke mit Präpositionen

Schreibtraining Leserbrief: Ausdrucksfehler korrigieren

Ausspracheträining: *s, sch, sp* und *st*

10 Mit neuen Ideen in die Zukunft 170
Übungen zur Lektion **170**
Lernwortschatz/Wortschatzübungen **178**
Lernerfolgskontrolle **183**

Zukunft
Verben mit Präpositionen
Verben mit *werden*

Schreibtraining Leserbrief: Grammatik- und Ausdrucksfehler korrigieren

Quellenverzeichnis/
Angaben zur eingelegten CD **184**

1 Benehmen bei Jugendlichen!

Vor über 2400 Jahren kritisierte der griechische Philosoph Sokrates das Verhalten der jungen Leute seiner Zeit.

a Lies den kurzen Text und gib ihn mit deinen eigenen Worten wieder.

> Die Jugend liebt heutzutage den Luxus. Sie hat schlechte Manieren und hat keinen Respekt mehr vor den älteren Leuten. Die jungen Leute widersprechen ihren Eltern, verschlingen bei Tisch die Süßspeisen, legen die Beine übereinander und tyrannisieren ihre Lehrer.

Im Text steht, ...
Sokrates war der Meinung, ...
Offensichtlich war es vor mehr als zwei Jahrtausenden nicht anders als heute:
Der griechische Philosoph Sokrates beschwert sich nämlich darüber, dass ...

b Welche Meinung hast du persönlich zu dieser Aussage?
Welche Beispiele fallen dir dazu ein?

Ich finde auch, (dass) ...
Ich finde überhaupt nicht, (dass) ...
Bei uns ... auch ...
Zum Beispiel ...

c Wie äußern sich die Menschen heute über „die Jugend"?
Vergleicht mit der Aussage von Sokrates.

2 Aussprachetraining Satzakzent

KB → nach A2

a Hör die Sätze und sprich sie nach.

1

Markenbewusstsein zählt nach wie vor. Die Werbeindustrie interessiert sich sehr für die jungen Konsumenten. Egal, ob Puma, Nike oder Adidas: Schuhe kosten schon mal 150 Euro. Klamotten sind genauso wichtig, und dann immer wieder: das Handy.

> **Lerntipp**
> - Man betont die Wörter, die einem wichtig sind.
> - Es gibt Freiheiten.
> - Man darf nicht jedes Wort betonen.
> - Beim Vorlesen sollte man darauf achten, dass man nicht zu schnell liest. Und man sollte bei der Vorbereitung markieren, was man betonen möchte und wo man eine Pause machen möchte.

b Lies die Generationsbezeichnungen im Kursbuch (A2 Vielfältig und bunt, Kursbuch S. 8) und achte vor allem auf den Satzakzent.

2–9

Hör die Texte und kontrolliere deine Aussprache.

3 KB → nach Bg

Modalverben

a Ordne die Sätze im Kasten jeweils der richtigen Bedeutung der Modalverben zu.

~~Du solltest eine deutsche Zeitschrift lesen.~~ ■ Heute darf ich mit meinem Bruder in die Disco gehen. ■ Ich mag dich! ■ Wir müssen alten Leuten im Bus unseren Sitzplatz anbieten. ■ Hier will die Stadt ein Parkhaus bauen. ■ Du kannst aber schon gut schwimmen! ■ Ich muss noch einkaufen, wir haben kein Brot mehr. ■ Wir können jetzt einen Kaffee trinken, die Kantine ist offen. ■ Ich möchte ein Kilo Äpfel, bitte! ■ Jugendliche unter 16 Jahren dürfen diesen Film nicht sehen. ■ (Papa sagt,) ihr sollt um ein Uhr zum Essen kommen! ■ Ich möchte heute Abend ausgehen. ■ Mathe mag ich lieber als Physik. ■ Ich will jetzt den Film sehen. ■ Ich muss jetzt das Geschirr abwaschen, sonst darf ich später nicht fernsehen. ■ Hier kannst du parken. ■ Erdbeereis mag ich nicht so gern. ■ Hier soll ein Jugendzentrum gebaut werden.

Es ist notwendig ■ … gefällt mir besser als … ■ Es ist erlaubt, dass ■ Es ist unsere Pflicht ■ Es ist geplant, dass ■ … hat gesagt, wir müssen ■ Ich habe … gern ■ ~~Es wäre gut~~ ■ Ich hätte gern ■ Es ist verboten ■ … hat die Absicht ■ Du hast die Fähigkeit ■ Meine Eltern haben mir erlaubt ■ Ich würde gern ■ Es ist jetzt möglich ■ Ich habe den Wunsch ■ Ich bin gezwungen ■ … schmeckt mir nicht so gut wie …

Modalverb	Bedeutung	Beispiel	Umschreibung
können	Möglichkeit		
	Fähigkeit		
	Erlaubnis		
dürfen	Erlaubnis		
nicht dürfen	Verbot		

Modalverb	Bedeutung	Beispiel	Umschreibung
müssen	Notwendigkeit		
	Pflicht		
	Zwang		
wollen	Wunsch		
	Plan, Absicht		
mögen	Geschmack		
	Vorliebe		
	Zuneigung		
möchte (Konjunktiv II von mögen)	höflicher Wunsch		
	Plan, Absicht		
sollen	Bitte oder Aufforderung durch eine andere Person		
	Plan, Absicht (immer mit Passiv)		
sollte (Konjunktiv II von sollen)	Empfehlung, Rat	*Du solltest eine deutsche Zeitschrift lesen.*	*Es wäre gut, wenn du eine deutsche Zeitschrift lesen würdest.*

b ***„mögen"* oder *„möchte…"*? Setze die richtige Form ein.**

ich mag
Ich mag meine Freundin/ meinen Hund/diese Stadt/Kiwis.
- Vorliebe für jemanden oder etwas

Struktur: Hauptverb + Objekt

ich möchte
– *Ich möchte ein neues Handy.*
- Wunsch

Struktur: Hauptverb + Objekt

– *Ich möchte einen neuen Computer kaufen/ Gitarre spielen lernen.*
- Wunsch, Absicht, etwas zu tun

Struktur: Modalverb + Infinitiv

– *Ich möchte ins Kino/nach Mykonos (gehen).*
- Wunsch, Absicht, etwas zu tun

Struktur: bei Verben der Fortbewegung → Modalverb + Infinitiv (wobei auf den Infinitiv verzichtet werden kann)

1 Von allen Haustieren __________ ich Katzen am liebsten.

2 Leider __________ ich keinen Fisch, der schmeckt mir einfach nicht.

3 Ich __________ 300 Gramm Schinkenwurst, bitte!

4 Mein Bruder und ich __________ Pizza mit Gemüse am liebsten.

5 Am liebsten __________ ich noch heute in die Ferien gehen.

6 __________ ihr lieber in der Stadt oder auf dem Land wohnen?

7 __________ ihr Käsekuchen oder schmeckt euch der nicht?

8 Was __________ du denn später mal werden?

9 Lasst mich in Ruhe! Ich __________ jetzt am liebsten allein sein.

10 Hardrock __________ ich gar nicht.

c ***sollen* oder *müssen*? Setze das passende Modalverb in der richtigen Form ein.**

sollen
Soll ich das Fenster aufmachen?
= Willst du, dass ich das Fenster aufmache?
- Wunsch eines andern

Hier soll ein Jugendzentrum gebaut werden.
= Man plant, hier ein Jugendzentrum zu bauen.
- Plan, Absicht (immer mit Passiv)

müssen
Ich muss jeden Tag mit dem Hund laufen.
= Es ist meine Aufgabe, jeden Tag mit dem Hund zu laufen.
- Pflicht

1 Meine Mama sagt immer, ich __________ mehr frisches Obst essen, aber Obst mag ich nicht besonders.

2 Hast du die Aufgabe verstanden oder __________ ich sie dir noch einmal erklären?

3 Morgen schreiben wir eine Mathe-Arbeit, deshalb __________ ich noch üben.

4 Immer ________ ich auf meine kleine Schwester aufpassen, das nervt mich total.

5 Jemand ________ mit dem Hund rausgehen, der war nämlich heute noch überhaupt nicht draußen.

6 Wenn jemand rauchen will, ________ er auf die Straße gehen, denn in den Lokalen ist das Rauchen verboten.

7 Katrin sagte, du ________ sie heute oder morgen anrufen.

8 Wir gehen jetzt einkaufen. ________ wir dir was mitbringen?

9 Ihr ________ euch unbedingt noch heute zum Segelkurs anmelden, sonst bekommt ihr keinen Platz mehr.

10 Heute ________ ich mal früher schlafen gehen, ich bin total übermüdet.

d Ersetze die unterstrichenen Ausdrücke durch Modalverben und forme die Sätze um.

1 Als Jugendlicher hat man die Pflicht, seine Probleme selbst zu lösen, man hat aber auch das Recht, es zu tun.

____

2 Es wäre gut, wenn man sich langsam daran gewöhnen würde, Verantwortung zu übernehmen.

____

3 Die meisten Jugendlichen haben den Wunsch, ohne ihre Eltern zu verreisen.

____

4 Dabei haben sie die Absicht, sich von ihren Eltern loszulösen.

____

5 Wenn Jugendliche allein verrreisen, haben sie die Möglichkeit, Dinge allein zu entscheiden.

____

6 Hier zeigt sich dann, ob sie auch wirklich in der Lage sind, die richtigen Entscheidungen zu treffen.

____

7 Die Eltern möchten, dass den Kindern nichts passiert und dass sie nicht in gefährliche Situationen geraten.

____

8 Und was wünschen sich die „Kinder"?

___

9 Natürlich gefallen ihnen Freiheit und Unabhängigkeit.

___

10 Es ist aber sicher auch notwendig, dass sie vorsichtig und verantwortungsbewusst sind.

___

11 Dann sind die Eltern gezwungen, den Wunsch nach mehr Unabhängigkeit und Selbstständigkeit ihrer Kinder zu akzeptieren.

___

e Lies die drei Beispielssätze.
Wie werden diese Formen in deiner Muttersprache ausgedrückt?

1 **Muss** ich mir diesen Film wirklich anschauen?
Nein, den **brauchst** du dir **nicht** an**zu**schauen. Es ist nicht nötig/sinnvoll.

2 **Muss** ich mir diesen Film wirklich anschauen?
Nein, den **musst** du dir **nicht** anschauen. Tu es nicht, wenn du es nicht willst. Du entscheidest.

3 **Darf** ich diesen Film anschauen?
Nein, den **darfst** du dir gar **nicht** anschauen! Der ist erst ab 16.

f Schreib Sätze mit Negation wie in den Beispielen auf dem Zettel oben.

1 Muss man die Kinokarten lange vorher bestellen? – Nein, das ist nicht nötig. Ihr *braucht die Karten nicht lange vorher zu bestellen.* Zwei Tage reichen.

2 Muss ich den Kuchen essen? Ich bin eigentlich schon satt! – Nein, wenn du nicht willst, ___ .

3 Müssen Kinder hier Eintritt zahlen? – Nein, in diesem Alter ___ .

4 Muss ich den Vertrag unterschreiben? – Nein, für solche Verträge muss man volljährig sein.
Mit 16 Jahren ___ .

5 Ich möchte aber gern in die Spätvorstellung ins Kino gehen! Geht das? –
Du bist leider noch zu jung, ______________________________ .

6 Ich habe nur zwei Fehler im Diktat gemacht. Muss ich den Text trotzdem abschreiben? –
Nein, natürlich ______________________________ .

7 Diese Tabletten darf man nur auf ärztliches Rezept nehmen. Bei hohem Blutdruck ________
______________________________ .

8 Komm, wir gehen über die Straße! – Nein, bei Rot ______________________________
______________________________ .

9 Hast du ein neues Auto gekauft? – Nein, ich kann das Auto meiner Mutter mitbenutzen, ich
______________________________ .

10 Musst du deinen Eltern die ganze Summe zurückzahlen, die sie dir geliehen haben? –
Zum Glück nicht! Ich ______________________________ .

4 *KB → nach C2*

Vergleiche: So war es vor vier Jahren – so ist es jetzt

**Lies den Text C2 im Kursbuch (S. 14/15) noch einmal.
Was ist gleich geblieben, was ist jetzt anders?**

	gleich	anders
Zukunftsaussichten		*x*
Bildungsbewusstsein		
Bildungsabschlüsse		
Angst vor Arbeitslosigkeit		
persönliche Unabhängigkeit		
Wertesystem		
Tugenden wie Fleiß, Ehrgeiz		
Bindung an die Religion		
Interesse an Politik		
Europa-Euphorie		

Berichte dann wie im folgenden Beispiel.

Die Zukunftsaussichten sind düsterer als früher.

gleich	anders
... ist/sind genauso (wichtig) wie / (wichtiger) als ... *... hat/haben die gleiche Bedeutung wie / mehr Bedeutung als ...*	*... mehr/weniger als früher* *... gewinnt an Bedeutung* *... ist/sind stärker interessiert an ...* *... hat sich erhöht*

5 Infinitiv mit *zu*

KB → nach GR2

Der Infinitiv mit *zu* ersetzt einen *dass*-Satz, wenn das gemeinte Subjekt des 2. Satzes im 1. Satz vorkommt:

Ich bitte dich, mir ***zu** helfen* =
Ich bitte dich, dass du mir hilfst.

Meine Eltern haben mir erlaubt, meine Freunde nach Hause *mit**zu**bringen* =
Meine Eltern haben mir erlaubt, dass ich meine Freunde nach Hause mitbringe.

a **Schreib mindestens zehn Sätze mit Infinitiv mit *zu* und benutze dazu Redemittel aus den beiden Kästen. Bei der Zuordnung kann es mehrere Lösungen geben.**

Beispiele:
Vor 4 Jahren habe ich angefangen/begonnen, Deutsch zu lernen.
Anna bietet mir an, mir bei den Hausaufgaben zu helfen.

~~anfangen~~/beginnen
~~anbieten~~
aufhören
beabsichtigen
bedauern
beschließen
bitten
einladen
empfehlen
erlauben
sich freuen
hoffen
raten
verbieten
vergessen
versprechen
versuchen
vorhaben
vorschlagen

nach Ausdrücken wie:
die Absicht / Angst / Fähigkeit / Lust / Möglichkeit / Pflicht ... haben
den Plan / Wunsch
– Zeit

Ingenieurwissenschaften studieren
die Prüfung bestehen
~~Deutsch lernen~~
Brot kaufen
an Ostern ein Lamm braten
mit uns einen Ausflug machen
zwei Kilo abnehmen
einen neuen Sport lernen
meine Freunde nach Hause mitbringen
meinen Arbeitsplatz verlieren
mit meinen Freunden Ferien machen
~~mir bei den Hausaufgaben helfen~~
rauchen
mehr für die Schule lernen
Medizin studieren
mein City-Bike benutzen
...

KB → nach GR2/Fortsetzung

b Ergänze die Ausdrücke, wenn möglich, mit Infinitiv mit *zu*, andernfalls mit einem *dass*-Satz. Beziehe dich dabei auf die Shell Studie.

1 Es ist wichtig/Die Jugendlichen finden es wichtig, einen Schulabschluss zu haben/dass die ältere Generation respektiert wird.

2 Viele haben Angst, ______.

3 In Zeiten wirtschaftlicher Unsicherheit ist es ganz besonders wichtig, ______.

4 Die Jugendlichen geben sich große Mühe, ______.

5 71 Prozent der Jugendlichen haben vor, ______.

6 In einigen Fällen halten sie es aber für problematisch, ______.

7 Im Hinblick auf die Religion finden die Jugendlichen, ______.

8 Was das Wertesystem betrifft, ist es wichtig, ______.

9 Über Politik sagen die Jugendlichen, ______.

10 Im Hinblick auf Europa kritisieren die Jugendlichen, ______.

11 Jugendliche vermuten, ______.

Ein *dass*-Satz steht nach …
- Verben des Sagens (sagen, fragen, antworten, berichten, erzählen, informieren)
- Verben der Wahrnehmung (sehen, hören, riechen, spüren, bemerken, finden, lesen)
- Verben des Wissens, Zweifelns (wissen, zweifeln, vermuten, kennen)

c Berichte über dich und benutze dabei den Infinitiv mit *zu*.

1 Für mich ist es wichtig, ______.

2 Deshalb habe ich beschlossen, ______.

3 Ich freue mich darauf, ______.

4 Ich finde es nicht so toll, ______.

5 Aber ich finde es schön, ______.

6 Nach dem Studium/der Berufsausbildung habe ich vor, ______________________.

7 Dann hoffe ich, ______________________.

8 Hoffentlich habe ich die Möglichkeit, ______________________.

9 … und genug Zeit, ______________________.

d Gleichzeitig oder vorzeitig?
Ergänze die Sätze.
Achte darauf, ob beide Vorgänge gleichzeitig sind oder der zweite vorzeitig ist.

gleichzeitig:
Meine Freundin behauptet, Peter nicht *zu kennen.*

vorzeitig:
Meine Freundin behauptet, Peter nie *gekannt zu haben.*

1 „Ich erkläre dir das Computerprogramm."

Sie verspricht, mir ______________________.

2 „Ich habe nur ein alkoholfreies Bier getrunken."

Er behauptet, ______________________.

3 „Leider haben wir den Bus verpasst!"

Die Gäste bedauern es, ______________________.

4 „Diese Frau möchte ich kennenlernen!"

Mein Bruder hofft, ______________________.

5 „Es war ein Fehler, dass wir diese Wohnung gekauft haben."

Meine Eltern bedauern es, ______________________.

6 „Toll, dass wir diesen Ausflug machen können!"

Sie freut sich, ______________________.

7 „Wir rauchen wirklich nicht!"

Die Schüler behaupten, ______________________.

8 „Ich habe die Hausaufgabe schon gestern abgegeben!"

Er ist sicher, ______________________.

9 „Du solltest mal in dieses Fitnessstudio gehen!"

Sie rät mir, ______________________.

10 „Endlich bin ich meiner Traumfrau begegnet!"

Er freut sich, ______________________.

6

KB → nach GR2/Fortsetzung)

Infinitiv ohne *zu*

a **Forme den unterstrichenen Ausdruck um und benutze dabei eins der auf dem Zettel genannten Verben.**

Zum Beispiel nach folgenden Verben steht der Infinitiv ohne *zu*:
(liegen/sitzen/stehen) bleiben
gehen, fahren
hören
lassen
lernen
sehen
Modalverben

1 Meine Eltern erlauben mir(,)* jeden Abend auszugehen.

Meine Eltern lassen mich jeden Abend ausgehen.

2 Meistens höre ich es, wenn der Briefträger kommt, aber heute war es anders.

Meistens höre ich den Briefträger kommen.

3 Entweder mein Auto ist kaputt oder der Benzintank ist leer. Es fährt einfach nicht weiter.

4 Natürlich ist er in der Lage, seinen Computer selbst zu reparieren.

5 Mein kleiner Bruder ist schon jetzt eine Wasserratte. Deshalb macht er schon mit 4 Jahren einen Schwimmkurs.

6 Sag mir Bescheid, wenn du siehst, dass meine Eltern kommen.

7 Ich sage dem Friseur, dass er mir die Haare ganz kurz schneiden soll.

8 Normalerweise ist jeder Bürger verpflichtet, an den Wahlen teilzunehmen.

9 Komm, wir gehen ins Hallenbad zum Schwimmen.

***Kommasetzung bei Infinitiv mit *zu*:**
- Bei Sätzen mit erweitertem Infinitiv mit *zu* kann man das Komma weglassen, wenn die Bedeutung nicht gestört wird: *Wir haben beschlossen(,) bald wegzufahren.*
- Folgt nach einem Satz nur ein Infinitiv mit *zu*, also ohne Erweiterung, wird kein Komma gesetzt: *Wir haben beschlossen wegzufahren.*
- Geht einer Infinitivgruppe ein hinweisendes Wort (*es, dazu, damit, dazu* usw.) voraus, muss der erweiterte Infinitiv mit Komma abgetrennt werden: *Wir haben uns **dazu** entschlossen, wegzufahren.*

b Lies den Text.

Wie gehen Jugendliche mit dem Computer um? Der Psychologe Klaus Renner berichtet.

Viele Jugendliche beschäftigen sich mit Computerspielen, weil sie dabei in der Lage sind, Kontrolle auszuüben. Im wirklichen Leben geht das meistens nicht. Außerdem haben sie die Möglichkeit, eine ganze Menge zu lernen. Bei Denkspielen sind schnelle Orientierung und Reaktion nötig. Dass Jugendliche am Ende nur noch den Wunsch haben, sich mit dem Computer zu beschäftigen und dabei kontaktarm werden, halte ich für übertrieben. Ich rate den Eltern, gelassen darauf zu reagieren, wenn sich ihr Kind zu einem Computerfan entwickelt. Es wäre falsch, hier Verbote auszusprechen. Wenn etwas verboten ist, haben die Jugendlichen erst recht den Wunsch, es zu tun.

Schreib den Text um, indem du möglichst viele Modalverben verwendest.

Beispiel: *Viele Jugendliche beschäftigen sich mit Computerspielen, weil sie dabei Kontrolle ausüben können.*

7 Mit Vollgas in die Kurve

KB → zu E

Was bedeutet das Gleiche? Ordne zu.

1 durch Gewichtsverlagerungen
2 das Nageln eines … Dieselmotors
3 Ich höre das Gackern eines Mädchens.
4 Sie stecken in ihren … Blaumännern.
5 ein wildes Gespann
6 Der Blaumann gleitet … herab.
7 Figuren, in einer Schräglage, von der ich nur träumen kann
8 Das Brett … kämpft angriffslustig … mit dem Wasser.
9 Er lässt sich ans Ufer treiben.
10 Seine Hand landet auf Judiths Knie,
11 als wäre es ihr angestammter Platz

a Ich selbst könnte so schwierige Figuren nie ausführen.
b Zwei Personen, die sich in ihrem Aussehen ähneln.
c umgangssprachlich für „kichern"
d Der Arbeitsanzug fällt herunter.
e als ob sie dort hingehören würde
f dadurch, dass man den Körper nach rechts oder links bewegt
g das Geräusch eines Autos
h Sie tragen Arbeitsanzüge.
i Das Wasser ist so wild, dass man viel Kraft für das Brett braucht.
j Wie zufällig legt er seine Hand auf ihr Knie.
k Das Wasser trägt ihn ans Ufer.

1	2	3	4	5	6	7	8	9	10	11

8 *KB → nach E*

Textrekonstruktion

Bei dem folgenden Text sind manche Wörter nicht zu lesen. Rekonstruiere den Text, indem du jeweils das fehlende Wort an den Rand schreibst.

Lies zuerst den ganzen Text. Überleg dir dann, was für ein Wort in die Lücke passen könnte (Artikel, Adjektiv, Nomen, Präposition, Verb oder Konjunktion).

Neue Kommunikationsform

Linguist Jannis K. Androutsopoulos über Jugendsprache per SMS

Das Kürzel SMS steht für „Short Message Service“ und [redacted] das Verschicken von Kurznachrichten über das Handy. SMS hat in kurzer Zeit die Welt erobert. In Deutschland wie in [redacted] Ländern sind Jugendliche die häufigsten Nutzer. Günstige Anschaffungspreise und leichte Bedienung machen [redacted] Mobiltelefon für Jugendliche attraktiv und zugänglich. Am meisten wird das Handy zum „Simsen“ benutzt, also [redacted] Verschicken und Empfangen von SMS-Nachrichten. Das Mobiltelefon hat den Vorteil, immer verfügbar zu sein. [redacted] werden SMS überall verschickt und gelesen: im Bus, in der Bahn, im Klassenzimmer, auf dem Schulhof. SMS-Nachrichten [redacted] ein Teil der Alltagskommunikation und sie sind deshalb meist in Dialogform. In längeren Dialogen kann man über [redacted] sprechen oder einfach nur witzige Sprüche schicken. Das typische „SMS-Gespräch“ dauert nur drei [redacted]. Beim „Simsen“ beschränkt man sich auf das Wichtige und verkürzt, wo immer das möglich ist: Bekannte [redacted] und Wendungen werden meistens abgekürzt, zum Beispiel Wochentage, Stadtnamen und Grußformeln: [redacted] (hab dich lieb) oder „g+k“ (Gruß und Kuss). Das Pronomen „ich“ am Satzanfang fällt häufig weg: „Wünsche ein [redacted] Fest“. Wenn mehrere Satzteile gleichzeitig wegfallen, spricht man vom „Telegrammstil“. Beispiel: Statt „[redacted] wir morgen zusammen frühstücken?“ simst man „Morgen frühstücken?“ Typisch für SMS unter Freunden ist [redacted] lockere Ton, der sich an der Umgangssprache orientiert. Auch bei SMS gehen Jugendliche überaus kreativ [redacted] der Sprache um: Humor und Schlagfertigkeit sind trotz oder wegen der Kürze garantiert. So schrieb ein [redacted] an seine Freundin: „Ich will, dass du glücklich bist!“. Antwort: „Ich auch“.

bedeutet ____________

anderen ____________

____

____

____

____

____

____

____

____

____

____

____

____

____

9 Schreibtraining: Inhaltspunkte eines Leserbriefes bearbeiten

Im Internet hast du folgenden Artikel gelesen:

http://www.opinions.eu/forum

Immer mehr junge Leute im „Hotel Mama"

Jugendliche und junge Erwachsene zwischen 16 und 29 Jahren wohnen heute viel häufiger noch bei ihren Eltern, als dies früher der Fall war. Während der Anteil in der vorigen Generation nur bei ca. 70 Prozent lag, sind es heute fast 90 Prozent.

Ein großer Teil von ihnen arbeitet bereits Vollzeit und könnte sich durchaus selbst versorgen. Doch offensichtlich verlassen viele junge Leute erst dann das Elternhaus, wenn sie einen Partner gefunden haben.

a Schreib als Reaktion auf diesen Artikel einen Leserbrief mit folgenden Inhaltspunkten:

Und was sind die Gründe dafür?

Wie ist es in deinem Heimatland?

Wie beurteilst du diese Entwicklung?

Warum schreibst du?

**b Lies den angefangenen Leserbrief, identifiziere seine Teile und trage diese in die grauen Felder ein. Benutze dazu die Ausdrücke im Kasten.
Welche Textteile kommen nicht vor?**

Grußformel ■ Inhaltspunkt: warum du schreibst ■ ~~Betreff~~ ■ Unterschrift ■ Inhaltspunkt: die Gründe für die Entwicklung in deinem Heimatland ■ Ort, Datum (nur im Leserbrief per Post) ■ Inhaltspunkt: Wie ist es in deinem Heimatland? ■ Anrede ■ Inhaltspunkt: Wie beurteilst du diese Entwicklung?

Prag, den 12. September

Betreff

Wohnverhalten der jungen Leute

Sehr geehrte Damen und Herren,

In Ihrem Internetartikel habe ich gelesen, dass in den letzten Jahren immer mehr junge Leute in Deutschland bei ihren Eltern wohnen. Das hat mich überrascht, denn ich war der Meinung, dass die Jugendlichen in Deutschland möglichst schnell von ihren Eltern unabhängig werden möchten und deshalb auch schon früh ihr Elternhaus verlassen.

Ganz grundsätzlich finde ich es richtig, dass Jugendliche so lange bei ihren Eltern wohnen, bis sie beruflich und privat ein eigenes Leben aufgebaut haben. Wahrscheinlich hat sich das Verhältnis zwischen Eltern und Kindern in den letzten Jahren positiv verändert und das Zusammenleben ist harmonischer geworden. Andererseits werden die Probleme auch immer größer, sodass man den Schutz und die Unterstützung der Familie einfach braucht.

Mit freundlichen Grüßen

(Unterschrift)

c Schreib die fehlenden Textteile.
Schreib pro Inhaltspunkt etwa 3–4 Sätze. Insgesamt sollte dein Brief mindestens 180 Wörter lang sein.

Überprüfe am Ende deinen Text: Hast du alle vier Inhaltspunkte bearbeitet?

10 Aussprachetraining *ei, eu/äu, au*

KB → nach C2

a Sprich die Wörter.

Eigenschaften – Bäume – Vertrauen – heute – Hauptschule – Bereich – Leute – Äußeres – Seite – Elternhäuser – zu Hause – Partei – erlauben – Freundschaft

ei, eu/äu, au	Aussprache	Beispiele
ei	wie *ai*	*eigen, einmischen, Vergleich*
eu, äu	wie *oi*	*neu, Bedeutung, Europa-Euphorie*
au	wie *au*	*auskommen, Aufbau, Frauen*

10

Hör die Wörter und kontrolliere deine Aussprache.

11

b Welches Wort hörst du?

1	Leute	Laute	7	Läuse	leise
2	außen	äußern	8	Beute	Bauten
3	Pause	Preise	9	Leiter	lauter
4	tauschen	täuschen	10	auch	euch
5	leiden	läuten	11	Feier	Feuer
6	Eule	Eile	12	Läufer	laufen

c Sprich die folgenden Sätze.

Keiner träumt von weißen Mäusen.
Eine heulende Maus läuft schnell nach Haus.
Einunddreißig Tausendfüßler reisen fauchend nach Australien.

12

Hör die Sätze und kontrolliere deine Aussprache.

**d Erfinde selbst ähnliche Nonsensverse mit *ei, eu/äu* und *au*.
Reimwörter findest du in der Wortliste.**

e Lies die folgenden Textauszüge aus der Shell Jugendstudie und achte besonders auf die Aussprache von *ei, eu* und *au*.

Die Familie gewinnt an Bedeutung.
In Zeiten wirtschaftlicher Unsicherheit bietet die Familie Sicherheit, sozialen Rückhalt und emotionale Unterstützung.
Die meisten Jugendlichen kommen gut mit ihren Eltern aus und würden auch ihre eigenen Kinder genauso oder so ähnlich erziehen.
Die ältere Generation genießt das Image der „Aufbaugeneration" – ihre Leistung bringt ihnen den Respekt der jungen Leute ein.
Europa ist weiterhin angesagt: 60 Prozent bezeichnen Europa im Vergleich zu 62 Prozent im Jahr 2002 nach wie vor als „in".

13

Hör die Textauszüge und kontrolliere deine Aussprache.

LERNWORTSCHATZ

Verben

etw./jdn. ablehnen
sich ändern
ankommen auf (Akk) (kam an, ist angekommen)
sich aufhalten (hielt auf, aufgehalten)
aufpassen auf (Akk)
sich auseinandersetzen mit (Dat)
etw. ausnutzen
etw. bejahen
jdn. bewegen
jdn. bewundern
etw. darstellen
etw. durchsetzen
sich einmischen
sich entspannen
sich entwickeln
jdn. erkennen (erkannte, erkannt)
jdm. etw. erlauben
jdn. erschrecken
jdn. erwischen
jdn. erziehen (erzog, erzogen)
sich festhalten (hielt fest, festgehalten)
sich fürchten vor (Dat)
etw. genießen (genoss, genossen)
glauben an (Akk)
jdm. imponieren
kämpfen für (Akk)
etw. merken
sich orientieren an (Dat)
jdn. siezen
simsen
streben nach (Dat)
jdn. überholen
übernachten
übertreiben (übertrieb, übertrieben)
etw. verallgemeinern
etw. verlangen
verschwinden (verschwand, ist verschwunden)
jdn. verständigen
jdm. etw. vorschreiben (schrieb vor, vorgeschrieben)
zukommen auf (Akk) (kam zu, ist zugekommen)

Nomen

die Altersgrenze
die Angelegenheit, -en
der Anstieg, -e
die Arbeitslosigkeit
die Aufbaugeneration
der Aufstieg
der Ausbildungsplatz, -plätze
das Äußere
der Ausstieg
der Ausweis, -e
das Auszugsverhalten
die Beschäftigung, -en
die Betrachtungsweise, -n
die Bundesregierung
die Bürokratie
die Ehe, -n
der Ehrgeiz
die Eigenschaft, -en
die Eigenverantwortung
die Einsamkeit
das Erwachsenwerden
die Erziehungsmethode, -n
der Fleiß
das Fortbewegungsmittel, -
die Gaststätte, -n
das Gelächter
die Geldverschwendung
das Gewässer
die Gewichtsverlagerung, -en
das Handeln
der Heranwachsende, -n
der Hochbetagte, -n
der Hormonhaushalt
die Institution, -en
das Interesse, -n
der Jugendforscher, -
das Jugendschutzgesetz, -e
die Konkurrenz
die Kreativität
der Kunde, -n
die Kurve, -n
die Lebensform, -en
die Lebenspartnerin, -nen
die Lehrstelle, -n
das Markenbewusstsein
das Mindestalter
der Musikgeschmack
die Mutterbindung
die Nachhilfe
der Nesthocker, -
die Partei, -en
die Partnerschaft, -en
die Perspektive, -n
die Pubertät
das Rauschen
der Reifen, -
der Schatten, -
das Schlüsselbein, -e
der Schritt, -
der Schulabschluss, -abschlüsse
der Sieger, -
die Sozialhilfe
die Spätvorstellung, -en
die Spielhalle, -n
der Staat, -en
das Surfbrett, -er
die Tabakware, -n
die Trendwende
die Trennung, -en
die Tugend, -en
die Überzeugungsarbeit
das Ufer, -
die Unsicherheit, -en
die Unterstützung
das Verhältnis, -se
das Vertrauen
die Vorführung, -en
das Wertesystem, -e

Adjektive und Adverbien

***** wird nur als Adverb gebraucht**

absichtlich
adäquat
angesagt
angriffslustig
ausreichend
bäuchlings*
behütet
bemerkenswert
bescheiden
düster
emotional
erwachsen
fließend
gering
geschlechtsspezifisch
gesetzlich
gleichermaßen*
gleichzeitig
grundsätzlich
hauteng
interessiert
klitschnass
krankhaft
mäßig
neulich*
niedrig
nüchtern
qualifiziert
selbstständig
sorglos
sozial
unabhängig
unsicher
volljährig
vorherrschend
weiterhin*
zeitgemäß
zögerlich

Ausdrücke

die Aufmerksamkeit auf sich ziehen (zog, gezogen)
sich im Aufwind befinden (befand, befunden)
gut auskommen mit (Dat) (kam aus, ist ausgekommen)
an Bedeutung gewinnen (gewann, gewonnen)
sich einer Sache in hohem Maße bewusst sein
eine feste Beziehung eingehen (ging ein, eingegangen)
in Bezug auf (Akk)
keinen Bock haben
nicht zu bremsen sein
sich (nicht) entmutigen lassen (ließ, gelassen)
Erfahrungen sammeln
eine Familie gründen
den Führerschein machen
sich Gedanken machen über (Akk)
sich den Herausforderungen stellen
ein Kind bekommen (bekam, bekommen)
einen Kredit aufnehmen (nahm auf, aufgenommen)
schieflaufen (lief, ist gelaufen)
laut Gesetz
eine höhere Macht
in der Öffentlichkeit
in puncto Arbeitsplatz
Verantwortung übernehmen (übernahm, übernommen)
zur Verfügung stehen (stand, gestanden)
im Vergleich zu (Dat)
ein gutes Verhältnis haben zu (Dat)
sich wohlfühlen
in diesem Zusammenhang

11 Verben

a Was passt zusammen? Bilde Sätze und schreib aus 5–6 Ausdrücken einen kleinen Text.

ein langsameres Auto ______________	imponieren
auf die Situation ______________	ankommen
bei kleinen, unwichtigen Dingen ______________	überholen
jemandem mit seinem Verhalten ______________	glauben
jemanden wegen seiner Kenntnisse und Fähigkeiten ______________	bewundern
nach hohen Idealen ______________	erziehen
Kinder streng ______________	übertreiben
das Leben ______________	genießen
an Gott ______________	streben

b Ergänze Verben mit gleicher Bedeutung …

Angst haben vor jdm. ______________

etw. erreichen ______________

etw. fordern ______________

jdn. informieren ______________

… oder mit gegensätzlicher Bedeutung aus der Wortliste.

etw. akzeptieren ______________

jdn. duzen ______________

erscheinen ______________

etw. konkretisieren ______________

etw. verneinen ______________

jdm. etw. verbieten ______________

c Ergänze reflexive Verben aus der Wortliste.

1 Manchmal wollen __________ die Senioren ständig in die Angelegenheiten der Jüngeren ______________ .

2 Die jungen Leute sind bereit, __________ mit den Problemen ihrer Zeit ______________ .

3 Heute ______________________ die Kinder biologisch viel schneller als in früheren Jahren.

4 Jugendliche ______________________ wieder stärker an traditionellen Werten.

5 Nach 24 Uhr dürfen _____________ Jugendliche nicht mehr in Discos und Gaststätten ____________________ .

6 Beim Lesen können _____________ viele besonders gut ________________________.

7 Beim Erwachsenwerden _______________________ viele Dinge im Leben eines Jugendlichen.

12 Nomen

a Welche Nomen aus dem Kasten passen? (Drei bleiben übrig.)

Ausbildungsplatz ■ Betrachtungsweise ■ Geldverschwendung ■ Lehrstellenbewerber ■ Macht ■ Nachhilfe ■ Nesthocker ■ Pubertät ■ Rückhalt ■ Schlüsselerlebnis ■ Sozialhilfe ■ Trendwende ■ Vertrauen

1 Wie man etwas ansieht und beurteilt: ______________________________

2 Man gibt zu viel Geld für unwichtige Dinge aus: ______________________________

3 Jemand, der sich um einen Ausbildungsplatz bewirbt: ______________________________

4 Ein Ereignis, das das weitere Leben stark beeinflusst: ______________________________

5 Jemand, der überdurchschnittlich lange im Elternhaus wohnen bleibt: ______________________________

6 Zeit zwischen Kindheit und Erwachsensein: ______________________________

7 Moralische und materielle Stütze: ______________________________

8 Staatliche Hilfe für Bürger, die in materieller Not sind: ______________________________

9 Privatunterricht für Schüler, die in der Schule schwach sind: ______________________________

10 Wenn sich Modeerscheinungen ändern: ______________________________

b Erkläre folgende Nomen mit deinen eigenen Worten.

1 Einsamkeit: *Wenn man allein ist und sich nach der Gesellschaft anderer sehnt.*

2 Überzeugungsarbeit: ______________________________

3 der Heranwachsende: ______________________________

4 Eigenverantwortung: ______________________________

5 Aufbaugeneration: ______________________________

c **Wie heißen die unten stehenden Wörter in deiner Muttersprache? Klärt mithilfe eines einsprachigen Wörterbuchs die genaue Bedeutung der Wörter und bildet Sätze damit.**

das Verhältnis – die Verhältnisse – das Verhalten

13 Adjektive und Adverbien

Welches Adjektiv bzw. Adverb aus dem Kasten passt? (Drei bleiben übrig.)

adäquat ■ behütet ■ düster ■ emotional ■ gesetzlich ■ grundsätzlich ■ nüchterner ■ qualifiziert ■ sorglos ■ unsicher ■ vorherrschend ■ weiterhin ■ wirtschaftlich

1 Kinder brauchen sich um nichts Sorgen zu machen. Sie haben ein ____________ Leben.

2 Oft verzögern ____________ Berufsperspektiven das Auszugsverhalten der jungen Leute.

3 Aber die Jugendlichen lassen sich von den ____________ Zukunftsperspektiven nicht entmutigen.

4 Sie sind davon überzeugt, dass ein ____________ Schulabschluss wichtig für den beruflichen Erfolg ist.

5 Obwohl die Familie als Form des Zusammenlebens in die Kritik geraten ist, bleibt sie dennoch die ____________ Lebensform.

6 Manchmal werden junge Leute zwar nicht arbeitslos, aber sie finden keine ____________ Beschäftigung, die also ihren Kenntnissen und Fähigkeiten entspricht.

7 Wenn das Geld knapp ist, also bei ____________ Unsicherheit, bietet die Familie Schutz und Sicherheit.

8 Ganz ____________ sind die jungen Leute zwar ____________ für Europa. Aber sie betrachten Europa jetzt ____________ als vor einigen Jahren.

14 Ausdrücke

a **Ergänze die Ausdrücke mit den Verben im Kasten.**

aufnehmen ■ gründen ■ haben ■ haben lassen ■ laufen ■ machen ■ machen ■ sein ■ stehen ■ ziehen

1 ein gutes Verhältnis ____________

2 einen Kredit ____________

3 sich Gedanken ____________

4 zur Verfügung ____________________

5 eine feste Beziehung ____________________

6 die Aufmerksamkeit auf sich ____________________

7 den Führerschein ____________________

8 schief ____________________

9 eine Familie ____________________

10 sich nicht entmutigen ____________________

11 sich einer Sache bewusst ____________________

b Ersetze die unterstrichenen Ausdrücke durch einen Ausdruck aus a.

a Mit meinen Geschwistern komme ich wirklich gut aus.

Zu meinen Geschwistern habe ich wirklich ein gutes Verhältnis.

b Über dieses Thema sollten wir alle noch einmal nachdenken.

____

c Ich bin schon seit zwei Jahren mit demselben Partner zusammen.

____

d Leider hatte dieses Projekt keinen Erfolg.

____

e Bei diesen Ferienwohnungen gibt es auch ein Fitnessstudio.

____

f Möchtest du dir wirklich Geld von der Bank leihen?

____

g Er benimmt sich so komisch, weil er von den Frauen beachtet werden möchte.

____

h Auch wenn es Probleme gibt, solltest du den Mut nicht verlieren.

____

i Mit 17 darf man schon anfangen, Fahrstunden zu nehmen und Autofahren zu lernen.

____

j Die meisten jungen Leute haben die Absicht, irgendwann zu heiraten und Kinder zu bekommen.

____

Lernerfolgskontrolle

Das habe ich in Lektion 1 gelernt:		Wo?	Ich kann es jetzt.*			
			1	2	3	4
Lesen	in längeren Texten wichtige Einzelinformationen finden		■	■	■	■
	einen Lückentext aufgrund des Kontexts ergänzen		■	■	■	■
Hören	komplexe Informationen in Hörtexten verstehen		■	■	■	■
Schreiben	zu einem Text Notizen machen		■	■	■	■
	Schreibtraining: Inhaltspunkte eines Leserbriefs identifizieren, selbst einen Leserbrief schreiben		■	■	■	■
	Umfrage in der Klasse machen		■	■	■	■
Sprechen	über junge Leute, ihre Wünsche, Hoffnungen und Probleme sprechen; dabei persönliche Meinung äußern, mit Argumenten stützen		■	■	■	■
	sich an Gesprächen beteiligen		■	■	■	■
	zu einem Thema Notizen machen		■	■	■	■
	zu Texten Notizen machen		■	■	■	■
	kurzen Text, auch Comic, mit eigenen Worten wiedergeben		■	■	■	■
Internet	–					
Aussprache	Satzakzent		■	■	■	■
	Einzellaute *ei/eu/äu/au* richtig aussprechen		■	■	■	■
Grammatik	Modalverben (Präsens, Präteritum)		■	■	■	■
	Infinitiv mit und ohne *zu*		■	■	■	■
Wortschatz	Wortschatz zum Thema „junge Leute"		■	■	■	■

* Notiere, was auf dich zutrifft.

1 = **SEHR GUT** (fast keine Fehler)
2 = **GUT** (wenige Fehler)
3 = **ZIEMLICH GUT** (mehrere Fehler)
4 = **NOCH NICHT SO GUT** (viele Fehler)

1 Wozu brauchst du das? Wozu braucht man das?

KB → nach GR1

Benutzt die Ausdrücke aus den Kästen und fragt euch gegenseitig.

Wozu brauchst du einen Spiegel? – Um mich zu schminken.

~~einen Spiegel~~	etwas nachschlagen
das Handy	im Internet surfen
den Stift	shoppen
das Gymnastikgerät	~~sich schminken~~
einen Helm	sich vor Verletzungen schützen
Geld	meine Schwester anrufen
eine Enzyklopädie	ein paar Wörter aufschreiben
den Computer	sich fit halten
…	…

2 Kinder und Jugendliche als Verbraucher

KB → nach GR1/Fortsetzung

Bilde Sätze mit *um … zu / damit*.
Manchmal musst du das Subjekt ergänzen.

1 Kinder und Jugendliche werden schon sehr früh von der Werbung entdeckt.
(eine haltbare Bindung an Markenprodukte entstehen)

____

____

2 Der Werbedruck auf die Jugendlichen ist besonders groß.
(das Kaufverhalten ihrer Eltern mitbestimmen)

____

____

3 Jugendlich gestylte Werbung schafft Vorlieben für bestimmte Marken und Produkte.
(Jugendliche/ihr Geld gezielt ausgeben)

____

____

4 Tatsächlich geben schon 6- bis 12-Jährige den größten Teil ihres Taschengelds aus.
(Süßigkeiten und Knabberartikel kaufen)

____

____

5 Die sogenannten Kinderlebensmittel enthalten viele Farb- und Aromastoffe sowie Konservierungsmittel. (gut schmecken)

____

____

6 Oft sind den Kinderlebensmitteln Comicfiguren oder Klebebildchen beigelegt. (wie ein Spielzeug aussehen)

____

____

7 Eltern und Kinder müssen beide über die Folgeerkrankungen von Übergewicht informiert werden. (Essverhalten korrigieren)

____

____

3 *KB → nach GR1/Fortsetzung*

Forme die Sätze um.

	Verbalstil	Nominalstil
1	*Für die Ferien brauche ich ein paar leichte Bücher, um mich zu entspannen.*	Für die Ferien brauche ich zur Entspannung ein paar leichte Bücher.
2	Sammelst du auch Ansichtskarten, damit du dich an die Ferien erinnerst?	______________
3	Zuerst machen wir ein Spiel, um uns kennenzulernen.	______________
4	______________	Diese Übungen sind besonders gut zur Wiederholung von Wortschatz und Grammatik geeignet.
5	______________	Mach doch zur besseren Erklärung der Wortbedeutung einfach ein Beispiel.
6	Ich habe Kärtchen vorbereitet, um die neuen Schüler vorzustellen.	______________
7	Meine Eltern fahren am liebsten in die Alpen, um zu wandern.	______________
8	______________	Zum Programmieren meines neuen Computers brauche ich unbedingt einen Experten.

4 Was tun sie nicht? Was sollten sie tun?

KB → nach GR2

Schreib Sätze mit *ohne … zu / statt … zu.*

1 Teenager benutzen ihr Handy und denken nicht an die Kosten.
Teenager benutzen ihr Handy, *ohne an die Kosten zu denken.*

2 Oft sind auch die Eltern total konsumorientiert und sehen nicht, dass ihr eigenes Verhalten Vorbild für ihre Kinder ist.
Oft sind auch die Eltern total konsumorientiert, ______________________

______________________ .

3 Es ist nicht sinnvoll, wenn Eltern ihren Kindern das Shoppen einfach verbieten. Besser ist es, die Kinder beim Shoppen zu beraten.
Die Eltern sollten die Kinder beim Shoppen beraten, ______________________

______________________ .

4 Eltern und Kinder brauchen zum Beispiel nicht in einem teuren Markengeschäft einzukaufen. In einem Markenoutlet können sie Schnäppchen machen.
In einem Markenoutlet könnten sie Schnäppchen machen, ______________________

______________________ .

5 Jugendliche besitzen Konsumgüter. Sie haben dafür aber nicht selbst gearbeitet.

Jugendliche besitzen Konsumgüter, ______________________ .

6 Die Eltern sollten ihre Kinder über Konsum und seine möglichen Folgen aufklären. Sie sollten sich aber nicht mit ihnen streiten.
Die Eltern sollten ihre Kinder über Konsum und seine möglichen Folgen aufklären, __________

______________________ .

7 Die Eltern sollten ihren Kindern die Zusammenhänge mit einfachen Worten erklären. Sie sollten sie nicht mit schwierigen Fachausdrücken verwirren.
Die Eltern sollten ihren Kindern die Zusammenhänge mit einfachen Worten erklären, ________

______________________ .

5 Verbinde die Sätze mit *ohne … zu/ohne dass* oder *statt … zu/statt dass.*

KB → nach GR2/Fortsetzung

1 Die Schüler müssen im Unterricht mehr Verantwortung übernehmen. Der Lehrer sollte nicht alles allein bestimmen.

____

____

2 Du bist in die Disco gegangen und hast mich nicht mitgenommen.

____

____

3 Wir sollten nur so viel Geld ausgeben, wie wir zur Verfügung haben. Wir sollten keine Schulden machen.

____

____

4 Gestern Abend bin ich noch einmal weggegangen. Meine Eltern haben es nicht bemerkt.

____

____

5 Was, ihr habt geheiratet und eure Eltern wussten nichts davon?

____

____

6 Schau dir erst mal die DVDs an, die du zu Hause hast, und leih dir nicht schon wieder neue aus!

____

____

7 Er ist einfach weggefahren. Er hat seine Freunde nicht darüber informiert.

____

____

8 Es sollte mehr Jugendzentren geben. Es wird so viel Geld für Straßen und Parkplätze ausgegeben.

____

____

9 Ich möchte mich jetzt gesünder ernähren und keine chemisch belasteten Lebensmittel essen.

____

____

6 Angebot statt Nachfrage

KB → nach GR2/Fortsetzung

Angebot statt Nachfrage

Ich sagte, mir ging es nicht gut
Sie boten mir einen Platz an

Ich sagte, ich schliefe abends schlecht
Sie boten mir Tabletten an

Ich sagte, ich hätte Probleme
Sie boten mir eine Zigarette an

Ich sagte, ich fühlte mich einsam
Sie boten mir einen Platz an

Ich sagte, ich hätte Angst
Sie boten mir etwas zu trinken an

Ich sagte, ich wolle gehen
Als sie mich fragten, warum,
musste ich mich übergeben.

Was hätte sich das Mädchen gewünscht? Schreibe Sätze wie im Beispiel. Du kannst dazu Ausdrücke aus dem Kasten benutzen.

Beispiele:
Sie bekam einen Platz, statt dass die Leute sich um sie kümmerten.
Die Leute boten ihr einen Platz an, statt sich um sie zu kümmern.

mit ihr über ihre Probleme sprechen ■ ihr Gesellschaft leisten ■ ihr Mut machen ■ ~~sich um sie kümmern~~ ■ mit ihr einen Abendspaziergang machen ■ sie trösten ■ Verständnis für sie haben ■ auf sie eingehen

7 Ergänze die Sätze sinngemäß.

KB → nach GR2/Fortsetzung

1 Warum sitzt du immer nur am Computer, statt ____________________ ?

2 Mein kleiner Bruder nimmt manchmal mein Fahrrad, ohne ____________________ .

3 Unser Mathelehrer hat einem Mitschüler während der Klassenarbeit das Blatt weggenommen, ohne dass ____________________ .

4 Beim Fotografieren suche ich immer sehr lange nach einem passenden Motiv, damit ____________________ .

5 Immer macht nur deine Mutter die Hausarbeit, statt dass ____________________ .

6 Ich habe mein Handy verkauft, um ____________________ .

8 Aufforderungen

KB → nach GR3

a **Sammelt alle indirekten Aufforderungen in den Übungen 4 und 5 und formuliert dann direkte Aufforderungen.**

- beim Telefonieren mit dem Handy an die Kosten denken
- ihren Kindern ein Vorbild sein
...

b **Wozu möchtest du deine Eltern auffordern?**
Achte darauf, welche Art der Aufforderung du benutzt.

Ihr solltet mehr Vertrauen zu mir haben!
...

c **Welche Aufforderungen werden in der Klasse oft verwendet?**
Notiert die Sätze.

	Schlagt den Atlas auf Seite 37 auf!

d **Was sagst du in dieser Situation?**

1 In der Pause möchtest du die Deutschaufgaben von einem Mitschüler abschreiben.

2 Du hast bemerkt, dass dir die Kassiererin im Supermarkt zu wenig Geld zurückgegeben hat.

3 Du möchtest dir von deiner Schwester 100 Euro ausleihen.

4 Du hast gesehen, dass sich deine Freundin in der Disco Ekstasy-Tabletten gekauft hat.

5 Du bist mit Freunden im Auto zum Basketballtraining unterwegs. Nun erinnerst du dich, dass du noch etwas einkaufen musst.

6 Du siehst einen Jugendlichen in der U-Bahn rauchen, obwohl das Rauchen verboten ist.

7 Dein Freund möchte dir zum Geburtstag teure Computerspiele schenken. Du weißt aber, dass er nicht viel Geld hat.

8 Du hast gesehen, wie ein Mitschüler deine Schultasche genommen hat, um sie zu verstecken.

9 Du siehst jemanden am Fahrkartenautomaten, der den Automaten falsch bedient.

9 *KB → nach D*

Konsumzwang

a Lies den kurzen Text und gib ihn mit deinen eigenen Worten wieder.

Häufig geraten Jugendliche in Konsumzwang, weil sie von den anderen Jugendlichen in der Schule oder in ihrem Freundeskreis anerkannt werden wollen. Dabei kommt es häufig zu Missverständnissen und Streit mit den Eltern, die das Konsumverhalten nur unter wirtschaftlichen Aspekten sehen. Die wirklichen Ängste ihrer Kinder kennen sie nicht.

Im Text steht, …
Es heißt, dass …

b Welche Meinung hast du persönlich zu dieser Aussage?
Welche Beispiele fallen dir dazu ein?

Ich finde auch/überhaupt nicht, (dass) …
Bei uns … auch …
Zum Beispiel …

10 *KB → nach D/Fortsetzung*

Das Verhältnis von Kindern und Jugendlichen zu Geld und Konsum

Lies den Text.
Wie beurteilt der Verfasser des Artikels, Diplom-Psychologe Frank Bader, folgende Textaussagen? positiv (A) oder negativ bzw. skeptisch (B)?

1 die Haltung vieler Eltern, ihren Kindern beim Umgang mit Geld freie Hand zu lassen?
2 die Fähigkeit der Eltern, ihre Kinder mit bewusstem Einkaufen vertraut zu machen?
3 das Zahlungssystem über Bankverbindungen und Kreditkarten?
4 die Bereitschaft, bewusst auf Wünsche zu verzichten
5 die Mitverantwortung der Kinder bei familiären Entscheidungen?
6 die Entschlossenheit der Eltern, den Konsumwünschen ihrer Kinder Grenzen zu setzen?

Frank Bader

Das Verhältnis von Kindern und Jugendlichen zu Geld und Konsum

Viele Eltern sind zu Unrecht darauf stolz, dass sie den Kindern beim Thema Geld keine Vorschriften machen. Ein Kind kann aber mit Geld nicht planvoll umgehen, wenn es dies nicht gelernt hat. Bis zum neunten oder zehnten Lebensjahr macht ein Kind noch keine Preisvergleiche. Es wäre Aufgabe der Eltern, bei jeder Gelegenheit darauf hinzuweisen, dass man erst einmal verschiedene Angebote prüfen muss, bevor man etwas kauft. Meines Erachtens muss Geld und Konsum ein Unterrichtsfach in der Schule werden, damit Kinder planvolles Einkaufen lernen, denn diese Lernphase ist mit dem zwölften Lebensjahr abgeschlossen.
Dieser Lernprozess wird vor allem dadurch erschwert, dass Geld meist nicht sichtbar ist: Ausgaben wie Miete und Nebenkosten werden vom Konto abge-

bucht und große Einkäufe mit der Kreditkarte bezahlt. Das führt dazu, dass Kinder mit diesen Beträgen nicht in Kontakt kommen und sich folglich auch kaum vorstellen können, was ein bestimmter Betrag bedeutet.
Erst wenn die Familie sich aufgrund von Misswirtschaft oder Arbeitslosigkeit plötzlich einschränken muss, erfährt der Jugendliche oft schmerzlich die Abwesenheit des Geldes. Wenn er auf eine solche Situation nicht vorbereitet ist, kann das schlimme Folgen haben. Er fühlt sich Gleichaltrigen gegenüber stark benachteiligt, es kann sogar zu psychischen Störungen führen.
Da jede Familie in eine wirtschaftliche Krise geraten kann, sollten die Eltern den Kindern immer wieder bewusst machen, dass Geld nicht unbegrenzt zur Verfügung steht. Das Kind muss lernen, dass es nicht alles haben kann und dass es sich zwischen mehreren Wünschen entscheiden muss. Am besten ist natürlich, wenn die Eltern ihre Kinder an der Haushaltsplanung mitbeteiligen, damit die Kinder erfahren, wie Geld in einer Gemeinschaft richtig verteilt werden muss.
Kinder und Jugendliche sind in ihrem Konsumverhalten heute stärker auf die Erwachsenen fixiert, erstens weil die Familien immer kleiner werden und zweitens, weil die Erwachsenen durch ihr Konsumverhalten dem Jugendlichen als Vorbild dienen. Sie wollen genauso konsumieren wie ihre Eltern, ohne vorher dafür gearbeitet zu haben.
Hier sollten die Eltern eine klare Sprache sprechen, aber mindestens die Hälfte aller Eltern hat resigniert. Kaum einer wagt zu sagen, das ist zu teuer, das kann ich mir nicht leisten. Nicht selten führen unerfüllte Konsumwünsche zu Kriminalität.

11 *KB → nach D/Fortsetzung*

Schreibtraining Leserbrief: Sätze und Inhaltspunkte miteinander verbinden

a Im Internet hast du folgende Meldung gelesen:

http://www.opinions.eu/forum

Ist Klauen cool?

Immer häufiger werden Jugendliche angezeigt, die in Supermärkten und Warenhäusern beim Stehlen erwischt werden. Besonders beliebt sind Süßigkeiten, Schlüsselanhänger, Markenturnschuhe, Lederjacken und Handys. Auf die Frage nach den Gründen werden Langeweile, Geldmangel und Gruppenzwang angegeben.

Reagiere auf die Meldung und schreib selbst eine Mail mit den folgenden Inhaltspunkten:

- Was könnte dagegen getan werden?
- Wie beurteilst du die angegebenen Gründe?
- Wie würdest du reagieren, wenn du einen Jugendlichen beim Stehlen beobachten würdest?
- Warum schreibst du?

Lerntipp
Überprüfe am Ende immer deinen Text: Liest sich der Text flüssig? Gibt es keine Stellen, wo du ohne Übergang von einem Gedanken zum andern springst?

b Hier hat jemand anderes eine Mail geschrieben. Lies sie und ordne die vier Abschnitte den vier Inhaltspunkten zu. Wie sind die Inhaltspunkte miteinander verbunden?

Neue E-Mail

Von:
An:
Betr.:

A Im Internet habe ich Ihre Meldung über Ladendiebstähle von Jugendlichen gelesen. Ich bin 17 Jahre alt und weiß aus der Schule bzw. aus meinem Freundeskreis ganz genau, dass dieses Problem existiert. Aber die Gründe, die angegeben wurden, hatte ich nicht erwartet und deshalb habe ich beschlossen, Ihnen zu schreiben und meine Meinung zu diesem Thema zu äußern.

B Für mich steht fest, dass die Ladendiebstähle eine Folge unserer „Erziehung" zum Konsum sind. Dass uns die Werbung zu willigen Konsumenten macht, ist bekannt. Alle möchten ein schickes Handy, am liebsten mit allen multimedialen Funktionen. Das ist teuer und möglicherweise vom Taschengeld nicht zu bezahlen, also beschafft man sich's auf andere Weise! Ich glaube, auch der Gruppenzwang spielt eine große Rolle, zumindest für die meisten Jugendlichen. Aber dass Langeweile der Grund für Diebstahl sein soll, kann ich nicht glauben. Oder besser: Ich will es nicht glauben, es wäre einfach zu enttäuschend.

C Ich persönlich finde Ladendiebstahl total inakzeptabel. Wenn ich zufällig dabei wäre, wenn jemand etwas stiehlt, würde ich ihn ganz sicher ansprechen! Ich würde ihm sagen, dass er einen großen Fehler macht und sich damit vielleicht viele Probleme für die Zukunft schafft. Vielleicht könnte ich ihn sogar überzeugen, denn es ist ein Unterschied, ob ein Erwachsener oder ein anderer Jugendlicher so etwas sagt. Aber ich würde nicht zum Besitzer des Ladens oder zur Leitung des Kaufhauses gehen und ihn verpetzen. Das könnte ich einfach nicht.

D Aber ich würde die Sache auch nicht auf sich beruhen lassen. Wahrscheinlich würde ich ein anderes Mal zum Besitzer gehen. Ich würde ihm sagen, man sollte die Waren nicht so frei herumliegen lassen. Das ist nämlich wie eine Aufforderung, etwas zu nehmen! Aber wahrscheinlich würde es das Problem nicht lösen. Da spielen ja noch viele andere Faktoren eine Rolle.

Mit freundlichen Grüßen
Lukas Breitner

c Unterstreiche alle Ausdrücke, mit denen die Sätze innerhalb eines Abschnitts miteinander verbunden sind: Verweiswörter (Pronomen, Adverbien), Konjunktionen, Wortwiederholungen aus dem vorangegangenen Text oder inhaltlich passender Wortschatz, z. B. Diebstahl – stehlen.

Verweiswörter	Konjunktionen	...	...
Ladendiebstähle	*aber*		

12 Umgang mit Geld will gelernt sein

KB → nach D/Fortsetzung

14–16

Hör das Interview und kreuze die richtige Lösung an.

1 Wann sollen Kinder den richtigen Umgang mit Geld lernen?
   A In der dritten Grundschulklasse.
   B Wenn sie sich mit dem Wert der Münzen vertraut gemacht haben.
   C Nachdem sie in der Schule alle Rechenarten gelernt haben.

2 Wie sollen Kinder den Wert des Geldes kennenlernen?
   A Sie dürfen zusammen mit älteren Jugendlichen entscheiden, was in der Familie angeschafft wird.
   B Sie sollten beim Einkaufen die Erfahrung machen, wie viel Geld alltägliche Dinge kosten.
   C Sie müssen das Einkaufen selbst übernehmen.

3 Wie kann ein Kind selbst dazu beitragen, persönliche Wünsche zu erfüllen?
   A Ab 10 Jahren kann ein Kind ein eigenes Sparkonto haben.
   B Ein Kind soll sein gesamtes Taschengeld dafür ausgeben dürfen.
   C Das Kind kann durch zusätzliche Arbeit in der Familie dazu beitragen.

4 Was kann ein Kind in eigener Verantwortung kaufen?
   A Dinge, die es mithilfe seines Taschengelds bezahlen kann.
   B Alles, was ein siebenjähriges Kind braucht.
   C Was das Gesetz vorschreibt.

5 Wie sollten Jugendliche ab 12 Jahren den selbstständigen Umgang mit Geld lernen?
   A Sie sollten sich erst dann etwas kaufen, wenn sie das ganze Geld dafür zusammengespart haben.
   B Sie sollten ihre Einkäufe immer in der ersten Monatshälfte machen.
   C Sie sollten sich nur in Notfällen von Eltern und Großeltern Geld leihen.

6 Welche Fehler sollen Eltern unbedingt vermeiden?
   A Ihren Kindern zu viel Taschengeld geben.
   B Ihren Kindern den planerischen Umgang mit Geld beibringen.
   C Ihren Kindern immer gleich das Geld geben, das sie zur Erfüllung ihrer Wünsche brauchen.

7 Was bedeutet: Mit Geld haushalten?
   A Man sollte sich das Geld für gegenwärtige und zukünftige Ausgaben einteilen.
   B Man sollte möglichst wenig Geld für Urlaub ausgeben.
   C Man sollte nur Kredite aufnehmen, die man wieder zurückzahlen kann.

13 Phonetik: Wiederholung Wortakzent

KB → nach D/Fortsetzung

a Sprich die Wörter. Wo ist der Wortakzent?

haushalten – Anerkennung – Verschuldung – Kaufverhalten – besonders – herausfinden – zerstören – vermeiden – Konsum – Bedürfnisse – diskriminierend – gesund – Ergebnis – Teilnehmer – Einnahmen – haltbar – Verfügung – volljährig – ideal – zusätzlich – Gymnastikgerät

17

Hör die Wörter und kontrolliere deine Aussprache.

b Lies den Text C1 b im Kursbuch auf Seite 28. Achte dabei besonders auf den Wortakzent.

18–21

Hör den Text und kontrolliere deine Aussprache.

14 Phonetik: Wiederholung Umlaute

a Lies die Sätze. Achte auf die Umlaute.

Die Schüler müssen pünktlich in der Schule sein.
Schöne Löwen mögen Knödel.
Ältere Mädchen ärgern den Französischlehrer.

22 **Hör die Sätze und kontrolliere deine Aussprache.**

b Sprich die Wörter.

ändern – Persönlichkeit – müssen – Pubertät – übernachten – Verhältnis – adäquat – zögerlich – zeitgemäß – gründen – Gelächter – düster – Unterstützung – mögen – Gymnastikgerät – Bühne – zerstören – Schnäppchen – nüchtern – Österreich – Küche – Bürokratie – Beschäftigung – plötzlich

23 **Hör die Wörter und kontrolliere deine Aussprache.**

24 **c Hörst du *ü*, *ä* oder *ö* oder gar keinen Umlaut (x)?**

1 ___ä___ 11 ______
2 ______ 12 ______
3 ______ 13 ______
4 ______ 14 ______
5 ______ 15 ______
6 ______ 16 ______
7 ______ 17 ______
8 ______ 18 ______
9 ______ 19 ______
10 ______ 20 ______

25 **d Hör zu und ergänze das fehlende Wort. Achte auf den Umlaut.**

1 Ich ______ ein Eis, bitte.

2 Ist dein Bruder ______ oder ______ als du?

3 ______ und ______ dürfen bei der Party nicht dabei sein.

4 Anna ______ sich ganz richtig.

5 Ich ______ deine Schrift beim besten Willen nicht lesen.

6 Wenn ich so leben ______ , ______ ich das bestimmt tun.

7 Wo ist denn mein ______ ?

8 Dieses Jahr dauern die Sommerferien einen Tag ______ .

9 Hast du keinen _________ für den Nachtisch bekommen?

10 Schlagt eure _________ auf Seite 21 auf.

11 Wenn ich nur _________ , wann sie kommen.

12 Wir _________ schon um 12 Uhr zu Hause sein.

13 _________ du auch alles ganz anders machen?

14 Das ist doch _________ !

15 Warum _________ ihr immer so lange?

16 Paul hat zwei _________ und einen _________ .

e **Schreibt selbst Nonsensverse wie in a.**

f **Drei Chinesen mit dem Kontrabass. Singt das Lied.**

Drei Chinesen mit dem Kontrabass,
saßen auf der Straße und erzählten sich was.
Da kam die Polizei: „Na, was ist denn das?"
Drei Chinesen mit dem Kontrabass.

Ersetze die Vokale im Lied erst durch *ö*, dann durch *ä* und *ü*:

Drö Chönösön möt döm Köntröböss …
Drä Chänäsän mät däm Känträbäss …
Drü Chünüsün müt düm Küntrübüss …

26 **Singt das Lied in den neuen Varianten. Hört sie zum Vergleich auf der CD.**

LERNWORTSCHATZ

Verben

jdn. anerkennen (erkannte an, anerkannt)
jdn. ansprechen (sprach an, angesprochen)
etw. aufbauen
jdn. aufklären
ausgeben (gab aus, ausgegeben)
beitragen zu (Dat) (trug bei, beigetragen)
etw. belasten
jdn. belohnen
sich bemühen um (Akk)
sich etw. beschaffen
sich einschränken
etw. enthalten (enthielt, enthalten)
sich entscheiden für (Akk)/zwischen (Dat) (entschied, entschieden)
sich erhöhen
etw. genießen (genoss, genossen)
haushalten
etw. mitbestimmen
etw. nachschlagen (schlug nach, nachgeschlagen)
resignieren
schmecken
sich schützen vor (Dat)
schwerfallen (fiel schwer, ist schwergefallen)
etw. stehlen (stahl, gestohlen)
umgehen mit (Dat) (ging um, ist umgegangen)
etw. verbinden mit (Dat) (verband, verbunden)
verfügen über (Akk)
etw. vermeiden (vermied, vermieden)
etw. verpassen
sich verschulden
verzichten auf (Akk)
wachsen (wuchs, ist gewachsen)
etw. wagen
sich wenden an (Akk)
etw. zerstören

Nomen

der Altersdurchschnitt
das Angebot, -e
der Anspruch, Ansprüche
die Aufforderung, -en
der Auftritt, -e
die Ausbildungsmöglichkeit, -en
der Aussteller, -
die Bankverbindung, -en
der Bekleidungssektor, -en
der Bereich, -e
der Besitzer, -
der Betrag, Beträge
die Bewerbung, -en
die Bindung, -en
die Bühne, -n
die Eintrittskarte, -n
die Entscheidung, -en
die Entschlossenheit
die Enttäuschung, -en
das Essverhalten
der Frust
das Gebiet, -e
der Geldbeutel, -
der Gläubiger, -
das Gymnastikgerät, -e
der Handel
das Handwerk
der Helm, -e
die Imbissbude, -n
die Jugendmesse, -n
der Kaufanreiz, -e
der Klingelton, -töne
das Konservierungsmittel, -
das Konsumgut, -güter
das Konsumverhalten
der Konsumzwang, -zwänge
die Körperpflege
der Ladendiebstahl, -diebstähle
das Lebensmittel, -
der Leistungssport
der Lifestyle
die Litfasssäule, -n
das Missverständnis, -se
die Misswirtschaft
das Outfit, -s
der Pressedienst
Schulden (Pl)
die Sehnsucht, -süchte
das Selbstwertgefühl
die Sicherheitsmaßnahme, -n
die Sparreserve, -n
der Spitzenreiter, -
das Statussymbol, -e
das Streben
der Streit
der Teilnehmer, -
das Übergewicht
das Unternehmen, -
die Veranstaltung, -en
der Verband, Verbände
die Verschuldung
der Vertrag, Verträge
das Vorbild, -er
das Vorgehen
die Vorliebe, -n
die Ware, -n
der Zeitraum, -räume
das Ziel, -e
die Zielgruppe, -n
der Zwischenfall, -fälle

Adjektive und Adverbien

besorgt
betroffen
diskriminierend
dringend
erfolgreich
ewig
ganztägig
gezielt
haltbar
konsumorientiert
minderjährig
monatelang
problematisch
schick
stolz
streng
umgekehrt
volljährig
voraussichtlich
weiblich
willig
zufällig
zunehmend
zusätzlich

Ausdrücke

Bedürfnisse decken
sich beeinflussen lassen
sich etw. bewusst machen
einen Einkauf tätigen
eine Empfehlung aussprechen
dagegen ist nichts einzuwenden
Geld vom Konto abbuchen
jdm. Grenzen setzen
jdm. freie Hand lassen
das Interesse wecken
im Kaufrausch sein
etw. nicht mehr unter Kontrolle haben
einen Kredit aufnehmen
in die Krise/in die Not geraten
hinter die Kulissen schauen
sich etw. leisten können
auf die Nerven gehen
in Ohnmacht fallen
den … Platz belegen
(ein) Schnäppchen machen
jdn. auf Schritt und Tritt verfolgen
in die Schuldenfalle tappen
der Schwerpunkt liegt auf (Dat)
zu Unrecht
zur Verfügung haben
im Vordergrund stehen
jdm. Vorschriften machen
Wertvorstellungen vermitteln
Geld zusammensparen

15 Verben

a Bilde Verben mit den Präfixen und schreibe passende Ergänzungen.

Präfixe: be- · ent- · er- · ge- · ver- · zer-

	Verb	Beispiel
binden	verbinden	mit einer bestimmten Marke Emotionen verbinden
halten		
halten		
hören		
lasten		
lohnen		
meiden		
schaffen		
scheiden		
stören		

Beispiel: *Ziel der Werbung ist es, dass wir mit einer bestimmten Marke Emotionen verbinden.*

b Ergänze die reflexiven Verben im Kasten.

sich bemühen ■ sich beschaffen ■ sich einschränken ■ sich entscheiden ■ sich erhöhen ■ ~~sich schützen~~ ■ sich verschulden ■ sich wenden

1 Mit einem Fahrradhelm kann man *sich* vor Verletzungen *schützen.*

2 Du musst ____________ : Entweder kaufst du das Mofa oder du machst eine Ferienreise, aber beides geht nicht!

3 Wenn man kein Geld hat, sich ein Handy zu kaufen, ____________ man es ____________ auf andere Weise.

4 Die Werbung ____________ ganz besonders um jugendliche Trendsetter, weil sie das Kaufverhalten anderer Jugendlicher beeinflussen.

5 Viele Leute ____________ , weil sie den planvollen Umgang mit Geld nie gelernt haben.

6 Wer Schulden hat und keinen Ausweg mehr weiß, kann ____________ an eine Schuldnerberatung ____________ .

7 Wenn ein Familienmitglied arbeitslos wird, müssen ____________ auch die anderen in ihren Ansprüchen stark ____________ .

8 Die Zahl der verschuldeten Familien ____________ ständig.

c Ersetze den unterstrichenen Ausdruck durch ein gleichbedeutendes Verb aus dem Kasten und formuliere den Satz um. (Drei Verben bleiben übrig.)

aufklären ■ ausgeben ■ einschränken ■ haushalten ■ mitbestimmen ■ schwerfallen ■ stehlen ■ umgehen ■ ~~verfügen~~ ■ verzichten ■ wachsen ■ wagen

1 Ich habe eine gute Ausbildung. *Ich verfüge über eine gute Ausbildung.*

2 Das Interesse an der YOU-Berlin wird immer größer.

____

3 Die meisten Leute haben Schwierigkeiten, ihre Konsumansprüche zu reduzieren.

____

4 Gewöhnlich lernen die Kinder zu Hause nicht, wie man Ausgaben plant und Geld richtig einteilt.

____

5 In einer Familie sollten alle Mitglieder die großen Kaufentscheidungen gemeinsam treffen.

____

6 Viele Eltern haben nicht den Mut, ihren Kindern in puncto Konsumverhalten Vorschriften zu machen.

____

7 Kinder sollten lernen, dass man manche Dinge nicht bekommen kann.

____

8 In Supermärkten und Kaufhäusern passiert es immer wieder, dass Jugendliche Handys und andere beliebte Konsumartikel mitnehmen, ohne sie zu bezahlen.

____

9 Eltern sollten ihren Kindern Informationen über die Folgen von falschem Kaufverhalten geben.

____

d Bilde mit den drei Ausdrücken unten Sätze.
Wie heißen diese Ausdrücke in deiner Muttersprache?

1 etwas entscheiden
2 sich zwischen zwei Dingen entscheiden
3 sich für etwas entscheiden

16 Nomen

a Bilde zusammengesetzte Nomen mit -*verhalten*

Konsumverhalten

…

Bilde zusammengesetzte Nomen mit *Kauf-*

Kaufzwang

…

b Ergänze die Erklärung der folgenden Nomen:

1 Körperpflege: *alles, was man tut, damit …; z. B. …*

2 Selbstwertgefühl: *man fühlt und weiß, dass …*

3 Statussymbol: *etwas, was man besitzt und damit zeigt, …*

4 Handwerk: *man macht …; z. B. …*

5 Missverständnis: *man sagt oder tut etwas, was …*

c Welche Nomen und Verben aus der Wortliste passen inhaltlich dazu?

Essen: ______

Geld/Schulden: ______

Handel/Werbung: ______

17 Ergänze passende Adjektive in der richtigen Form. (Drei bleiben übrig.)

KB → nach A2

erfolgreich ■ ganztägig ■ konsumorientiert ■ minderjährig ■ monatelang ■ stolz ■ streng ■ weiblich ■ willig ■ zufällig ■ zusätzlich

1 Wegen der Musikbands kommen vor allem ______ Besucher auf die YOU Berlin.

2 Wir sind von den stark ______ Angeboten nicht besonders begeistert.

3 Wegen der vorwiegend ______ Messebesucher sind ______ Sicherheitsmaßnahmen notwendig.

4 Bist du auch der Meinung, dass Werbung ______ Bedürfnise schafft?

5 Wir alle konsumieren doch recht gern, wir sind ______ Konsumenten.

6 Es kamen noch mehr Besucher als im Vorjahr: Es war eine sehr ______ Jugendmesse für die Veranstalter.

7 Die ______ Vorbereitungen der Veranstalter haben sich gelohnt.

18 Ergänze die Verben in den Ausdrücken.

1 Es ist nicht immer leicht, den Heranwachsenden die richtigen Wertvorstellungen *zu vermitteln.*

2 Werbung ist überall: Sie __________ uns auf Schritt und Tritt.

3 Alle Menschen lassen sich mehr oder weniger von der Werbung __________ .

4 Bestimmte Einkäufe dürfen Kinder selbstständig __________ .

5 Wenn man mehr Geld ausgibt als man zur Verfügung hat, __________ man irgendwann in die Schuldenfalle.

6 Psychologen raten den Eltern, ihren Kindern beim Geldausgeben klare Grenzen __________ .

7 Sie halten es nicht für richtig, wenn Eltern ihren Kindern freie Hand __________ .

8 Es __________ mir schrecklich auf die Nerven, wenn du ständig das Gleiche sagst.

9 Vor Schreck wäre er fast in Ohnmacht __________ .

10 Es ist ganz einfach, einen Kredit bei der Bank __________ .

11 Bei plötzlicher Arbeitslosigkeit kann eine Familie schnell in Not __________ .

Lernerfolgskontrolle

Das habe ich in Lektion 2 gelernt:		Wo?	Ich kann es jetzt.*			
			1	2	3	4
Lesen	in längeren Texten wichtige Einzelinformationen finden		■	■	■	■
	die persönliche Meinung des Verfassers eines Artikels erkennen		■	■	■	■
Hören	komplexe Informationen in Hörtexten verstehen		■	■	■	■
Schreiben	zu einem Thema Notizen machen		■	■	■	■
	zu einem Text Notizen machen		■	■	■	■
	Inhaltspunkte eines Leserbriefs/Sätze innerhalb eines Abschnitts logisch miteinander verbinden		■	■	■	■
	selbst einen Leserbrief schreiben		■	■	■	■
Sprechen	einen kurzen Text mit eigenen Worten wiedergeben		■	■	■	■
	über Geld und Konsum sprechen; dabei persönliche Meinung äußern, mit Argumenten stützen		■	■	■	■
	Ratschläge geben		■	■	■	■
	mithilfe von Notizen über ein Thema sprechen		■	■	■	■
	sich an Gesprächen beteiligen		■	■	■	■
	ein Rollenspiel machen		■	■	■	■
Internet	im Internet gezielt Informationen zum Thema finden		■	■	■	■
Aussprache	einen Satz richtig betonen		■	■	■	■
Grammatik	Finalsätze mit *um … zu / damit / zur, zum /*		■	■	■	■
	ohne … zu /statt … zu / ohne dass / statt dass		■	■	■	■
	Formen der Aufforderung: mit Konjunktiv II, Imperativ, Frage, Infinitiv		■	■	■	■
	sich differenziert zu einem Sachverhalt äußern		■	■	■	■
Wortschatz	Wortschatz zum Thema „Konsum", „Umgang mit Geld"		■	■	■	■

* Notiere, was auf dich zutrifft.

1 = SEHR GUT (fast keine Fehler)
2 = GUT (wenige Fehler)
3 = ZIEMLICH GUT (mehrere Fehler)
4 = NOCH NICHT SO GUT (viele Fehler)

1 Wie wird *es* in diesen Sätzen verwendet?

KB → nach A2d

a als Teil eines Ausdrucks
b als Pronomen
c als Platzhalter

1 Ich gehe mit den Kindern auf den Spielplatz, weil ich es ihnen versprochen habe. ☐
2 Es hat in diesem Winter erst zweimal geschneit. ☐
3 Es hat sich alles sehr verändert. ☐
4 Hin und wieder arbeite ich auch am Wochenende, aber in der Regel vermeide ich es. ☐
5 Wie geht's euch? ☐
6 Wo ist bloß mein Handy? Ich suche es schon den ganzen Tag. ☐
7 In dieser Stadt gibt es sehr gute Verkehrsverbindungen. ☐
8 Es werden über eintausend Besucher erwartet. ☐
9 Es lohnt sich, etwas für den Umweltschutz zu tun. ☐
10 Es darf hier nicht geraucht werden. ☐
11 Es lebte einmal ein mächtiger König in einem großen Schloss. ☐
12 Ich bin topfit und möchte es auch bleiben. ☐

2 Welche Sätze kann man ohne *es* schreiben?

KB → nach A2d/Fortsetzung

1 Es handelt sich um ein Projekt zur Leseförderung in Grundschulen.
2 Das Theaterstück war ein großer Erfolg, es hat wirklich allen gefallen.
3 Es kommt irgendwann der richtige Augenblick für alles.
4 Es ist schön, dass ihr gekommen seid!
5 Es muss etwas geschehen!
6 Es schneit schon seit Stunden.
7 Ich habe es satt, die ganze Arbeit allein zu machen.
8 Es ist unmöglich, es allen recht zu machen.
9 Was gibt's heute zum Mittagessen?
10 Es hat den ganzen Tag die Sonne geschienen.
11 Ich kann es nicht leiden, wenn Menschen so oberflächlich sind.

3 Was passt zusammen? Schreibe zehn Sätze.

KB → nach A2d/Fortsetzung

Die Ausdrücke im ersten Kasten kannst du auch mehrmals verwenden.

Beispiele: *Es geht nicht, dass die Eltern die Schulden ihrer Kinder bezahlen.*
Es ist sehr mühsam, alle Schulden zurückzuzahlen.

a Ich finde es richtig/falsch.
b Es lohnt sich (nicht).
c Es ist sicher.
d Es geht nicht.
e Es ist sehr/nicht leicht.
f Es ist mühsam.
g Es hängt oft von den Mitschülern ab.
h Ich kann es nicht verstehen.
i Es ist dem Sozialhelfer gelungen.
j Es liegt an der Werbung.

1 ~~Die Eltern bezahlen die Schulden ihrer Kinder.~~
2 ~~Man zahlt alle Schulden zurück.~~
3 Jugendliche haben dieselben Konsumansprüche wie Erwachsene.
4 Er hat ihm einen Arbeitsplatz verschafft.
5 Man muss lernen, wie man richtig mit Geld umgeht.
6 Irgendwann tappt man in die Schuldenfalle, wenn man ständig zu viel Geld ausgibt.
7 Man hat viel zu viele Wünsche und Bedürfnisse.
8 Der Junge jobbt, um sich Extrawünsche zu erfüllen.
9 Man beschafft sich Konsumartikel durch Diebstahl.
10 Ich benutze mein Handy jetzt viel seltener.

4 Ergänze die Sätze, indem du etwas über dich und deine Familie berichtest.

KB → nach A2d/Fortsetzung

1 Ich finde es super ______________________________ .
2 Es macht mir (großen/keinen) Spaß ______________________________ .
3 Ich habe die Absicht ______________________________ .
4 Ich bemühe mich ______________________________ .
5 Es ist mir (nicht) gelungen ______________________________ .
6 Ich empfinde es als Fortschritt ______________________________ .
7 Es ist nicht leicht ______________________________ .
8 Es wäre wirklich toll ______________________________ .

5
KB → nach B2

Persönliche Meinung der Autorin

Lies den Text. Wie beurteilt die Verfasserin, Gymnasialschülerin aus Berlin, folgende Textaussagen: positiv (A) oder negativ bzw. skeptisch (B)?

1 den Informationswert von Internet, Fernsehen oder Buch?
2 die Anzahl der Bücher, die ihre Mitschüler in ihrer Freizeit lesen?
3 den Einfluss von Büchern auf die Rechtschreibkenntnisse der Schüler?
4 die Wahrscheinlichkeit, dass es in einem größeren Kreis Leute gibt, die regelmäßig Bücher lesen?
5 die Überlebenschance des Buches?

Das Buch: Eine vom Aussterben bedrohte Art?

Google, Lycos, Tageszeitung, Harry Potter oder doch lieber die Tagesschau? Die mediale Auswahl ist groß und eines ist klar: Schlau wird man doch irgendwie! Eine Frage aber stellt sich wahrscheinlich immer wieder: Sterben Bücher aus? Gewinnen das Word Wide Web und das Fernsehen die Überhand? Fragt man mal einen Schüler, was er in seiner Freizeit so macht, kriegt man als Antwort: „Chatten und Fernsehen!"
Und wo bleibt das Buch? Vorläufer des heutigen Buches gab es schon vor rund 5000 Jahren, kann man es heute einfach so vergessen? Ich habe in meiner Klasse nachgefragt: Von 28 Schülern gehen elf viel lieber ins Internet, 18 gucken am liebsten Fernsehen und nur sechs Schüler lesen gerne Bücher (einige Mädchen und Jungen hatten Doppel- oder Dreifachstimmen). Ich finde, das ist viel zu wenig, denn würden in dieser Stadt mehr Bücher gelesen, wäre die Rechtschreibung der Berliner besser. Das wiederum würde bei der PISA-Studie zu besseren Ergebnissen führen.
Von den 18 Befragten, die am liebsten fernsehen, schauen sich nur sechs Nachrichten oder Reportagen an. Und einige Internetsurfer unter uns schauen sich auch nicht die Zeitung im Internet an, sondern gehen am liebsten zum Chatten in irgendwelche Communities.
Würde man den Kreis der Befragten deutlich erhöhen (würde man mehr Personen befragen), würde man mit Sicherheit zahlreiche Leseratten finden oder wenigstens Leute, die mindestens zwei Bücher in einem Monat lesen. Und da zählen nicht die Schulbücher oder die Fernsehzeitung, da zählen nur Bücher mit mindestens 100 Seiten oder eine Tageszeitung!
Die Frage, ob das Buch eine vom Aussterben bedrohte Art ist, kann man wahrscheinlich nur persönlich mit Ja oder Nein beantworten, doch eins sollte klar sein: Das Internet und der Fernseher sind jünger als das erste Buch! Internet gibt es seit 1969 bzw. seit 1993, Fernsehen seit 1886 bzw. seit 1928. Das gibt mir sehr zu denken. Also, nehmt doch mal ein Buch zur Hand!!!

6 Schreibtraining: Wortschatz

KB → nach B2/Fortsetzung

Im Internet hast du folgende Meldung gelesen:

http://www.opinions.eu/forum

Förderung von Lesemotivation bereits in der Grundschule

„Zur Entwicklung von Lesemotivation bei Grundschülern" hieß das Projekt, das an 24 Grundschulen in Deutschland durchgeführt wurde. Ziel sei es, Leselust und Lesemotivation bereits in frühem Schulalter zu entwickeln, um ein starkes Gegengewicht zu Internet und Computerspielen zu schaffen, hieß es in der Einführungsveranstaltung. Den größten Einfluss auf die Lesefreude haben Schule und Familie. Beim Faktor „Schule" ist der Spaß am Deutschunterricht entscheidend. Hier entwickelt sich die Lesefähigkeit, die in direktem Zusammenhang mit der Lesemotivation steht.

a Reagiere auf diesen Artikel und schreib einen Leserbrief mit folgenden Inhaltspunkten:

- Warum schreibst du?
- Warum lesen Kinder deiner Meinung nach im Grundschulalter gern?
- Warum nimmt die Leselust deiner Meinung nach im Lauf der Jahre ab?
- Ob und wie sollte man deiner Meinung nach Lesemotivation fördern?

b Lies den Text. Unterstreiche dann alle Textstellen, in denen das Verb *lesen* vorkommt.

Sehr geehrte Damen und Herren,

ich bin Schülerin der 11. Klasse und werde wohl nächstes Jahr Abitur machen. Bücher sind also mein „täglich Brot" – allein in diesem Schuljahr arbeite ich mit insgesamt 15 Büchern. Obwohl ich diese Bücher nicht alle von der ersten bis zur letzten Seite lese, muss ich mich doch ernsthaft mit ihnen beschäftigen, was mich zu einer Art Expertin in Sachen Büchern macht. Deshalb möchte ich mich gern zu Ihrer Meldung äußern.
Grundschulkinder lesen, weil sie an Inhalten interessiert sind. Sie lesen spannende Geschichten, Fantasy oder Abenteuer, sie identifizieren sich mit den Hauptpersonen und leben in diesen Rollen. So ist das große Interesse an den Harry-Potter-Büchern zu erklären. Als ich in die Grundschule ging, haben wir Enid Blyton gelesen, und das war für uns das Spannendste auf der Welt.
Wenn man ins Gymnasium kommt, lässt das Interesse an Fantasy und Abenteuern langsam nach. Schließlich werden wir erwachsen! Wir beschäftigen uns mit Themen, die wir logisch angehen müssen: Physik, Chemie, Umwelt, Staat und Gesellschaft! Wir lesen unzählige Seiten von Fachtexten, aus denen dann auch der Prüfungsstoff entnommen ist. Lesen ist plötzlich mit Leistung verbunden. Auf die Auswahl der Bücher haben die Schüler natürlich keinen Einfluss, das entscheidet das Oberschulamt oder vielleicht unsere Lehrer.

Aber trotz allem lesen wir! Was soll eigentlich dieses ständige Lamentieren darüber, dass Jugendliche nicht mehr lesen? Denn schließlich lesen wir nicht nur Schulbücher. Wir lesen Texte im Internet, Texte auf Displays, CD-ROMs, Computerspiele und sogar Gebrauchsanweisungen! Wir surfen, chatten und e-mailen. Und das interessiert uns! Internet und Lesen brauchen keine Gegensätze zu sein, sie ergänzen sich. Zumindest hier braucht Lesemotivation nicht gefördert zu werden. Jugendliche lesen heute nicht weniger als früher, sie lesen einfach anders: multimedial.

Mit freundlichen Grüßen
Lisa Fischer

c **Sieh dir die Wörter, die du unterstrichen hast, noch einmal an. In welchen Fällen kann man das Verb durch andere Ausdrücke mit gleicher oder ähnlicher Bedeutung ersetzen?**

zum Buch greifen
ein Buch in die Hand nehmen
sich mit einem Buch/mit Büchern beschäftigen
schmökern (gemütlich in Büchern lesen)
eine Leseratte sein (viel und gern lesen)
Bücher verschlingen (viel und schnell lesen)

Tipp
Es ist klar, dass das Verb *lesen* in diesem Thema eine zentrale Bedeutung hat und deshalb auch häufig vorkommt. Die Wiederholung desselben Verbs wirkt monoton und erweckt den Eindruck, dass man denselben Inhalt schon mehrmals gelesen hat. Versuche deshalb, sooft wie möglich, andere Ausdrücke zu verwenden.

7 Bücher auswählen

KB → nach C3

Du suchst für fünf Personen ein passendes Buch oder Hörbuch. Welches der acht Bücher bzw. Hörbücher würdest du jeweils aus dem Verkaufskatalog auswählen? (Es ist möglich, dass es nicht für jede Person eine Lösung gibt.)

Du suchst ein Buch oder Hörbuch für:

1 eine 15-jährige Freundin, die am liebsten romantische Geschichten liest
2 einen Onkel; er ist pensionierter Deutschlehrer und beschäftigt sich noch immer am liebsten mit seinem früheren Unterrichtsfach
3 einen politisch und historisch interessierten Freund der Familie, dessen Lieblingsepoche das Mittelalter ist
4 eine Lehrerin, die sich mit moderner Lyrik aus aller Welt beschäftigt und auch selbst Gedichte schreibt
5 einen Mitschüler, der Material für ein Referat über die zweite Hälfte des 20. Jahrhunderts sucht

A **Der Sohn**
Giacomo Cacciatore

Süditalien in den späten 1970er-Jahren. Giovanni ist neun Jahre alt und hat zwei Gewissheiten: erstens, dass man unbedingt einen Farbfernseher braucht (schließlich ist bald Fußballweltmeisterschaft) und zweitens, dass einem nichts passieren kann, solange man den Mund hält und wegsieht. Niemand kennt sich damit besser aus als sein Vater, der Polizist mit den besonderen Beziehungen. Omerta, das Gesetz des Schweigens, heißt dieses Prinzip. „Der Sohn" ist ein Buch, das in jeder Hinsicht überrascht: spannend wie ein Krimi, poetisch in seiner Sprache, zärtlich und wütend zugleich.

B **Handbuch Psychische Störungen**
Hans-Ulrich Wittchen

Jeder Zweite hat im Laufe seines Lebens mit psychischen Problemen zu kämpfen. Dieses Standardwerk behandelt die häufigsten psychischen Störungen – sowohl bei Kindern und Jugendlichen, wie auch bei Erwachsenen. Welche Symptome treten auf? Wo findet man Hilfe? Welche Behandlungsmethoden sind jeweils effektiv? Ängste – Süchte – Depressionen – Essstörungen – Verhaltensauffälligkeiten – Persönlichkeits- und Entwicklungsstörungen – Stress – u.v.m.

C **Der Dativ ist dem Genitiv sein Tod**
Bastian Sick

Ein Wegweiser durch den Irrgarten der deutschen Sprache. Sick beleuchtet die vielen Zweifelsfälle unserer Sprache. Heißt es die oder das „Nutella"? Visas oder Visen, käuflich oder kaufbar? … Mit viel Humor kämpft Sick für die Rettung des Genitivs. Er wehrt sich gegen blödsinnige Amerikanismen und warnt vor der Sucht nach Synonymen. Die besten dieser hinreißend komischen und immer klugen Glossen sind hier versammelt – fehlerfrei gesprochen von Rudolf Kowalski.

CD, ca. 76 Minuten

D **Theatrum Orbis Terrarum**
Abraham Ortelius

Dieses Kartenwerk des Belgiers Abraham Ortelius (1527–1598) gilt als erster Atlas der Geschichte. Der „Ptolemäus des 16. Jahrhunderts" bündelte darin das gesamte kartografische Wissen seiner Zeit. Dieser Reprint basiert auf der schönsten erhaltenen Ausgabe von Ortelius' Werk – die der Weimarer Anna-Amalia-Bibliothek. Mit einer Einführung und vielen Erläuterungen der Historikerin Ute Schneider.

E **Die verborgene Seite des Mondes**
Antje Babendererde

Eine Welt bricht für die 15-jährige Julia zusammen, als sie vom plötzlichen Tod ihres Vaters hört. Ihm vertraute sie sich an, und er erzählte ihr Geschichten aus seiner indianischen Heimat, der Wüste von Nevada. Wegen der großen Trauerzeremonie für ihren Vater besucht Julia zum ersten Mal ihre Großeltern in Nevada.
Da passiert Julia dasselbe wie ihrer Mutter vor 16 Jahren. Sie verliebt sich in einen stillen jungen Mann, der so ganz anders ist als die Jugendlichen in ihrer Heimat. Eine hinreißende Liebesgeschichte, die völlig ohne Pathos auskommt.
Ein großartiges Buch und ein wahrer Lesegenuss.

Ab 14 Jahre.

F **Hört, hört!**
Robert Gernhardt/F. W.Bernstein

Keiner liest Gernhardt besser als Gernhardt:„Keineswegs gefällig, aber doch ohne Zweifel in brillianter Manier" (Jury Hörbuch des Monats). Robert Gernhardt (1937–2006) ist ein Meister der Satire. Mit seinen pointierten Texten prägte er die neuere deutschsprachige humoristische Literatur. Hier finden Sie das Beste aus WimS, der „Welt im Spiegel", der legendären Rubrik des Satire-Magazins „pardon".

CD, ca. 79 Minuten

G **Der Fluch des Edgar Hoover**
Marc Dugain

Kaum einer hat im 20. Jahrhundert so sehr das politische Leben Amerikas bestimmt wie John Edgar Hoover. Acht Präsidenten überlebte dieser Mann, unter seiner Leitung wurde das FBI zwischen 1924 und 1972 zu einer internationalen Größe, mächtig durch sein Wissen, gefürchtet wegen seiner Skrupellosigkeit. Als Erster hat sich der französische Autor Marc Dugain an diesen Stoff herangewagt. Seine literarische Biografie erzählt die Geschichte des FBI-Chefs, die zugleich die Geschichte der Kennedys, der Mafia und des Kalten Krieges ist. Absolut lesenswert.

H **Gabals großer Methodenkoffer – Grundlagen der Kommunikation**
Walter Simon

Ein fundierter Einblick in alle Aspekte der Schlüsselqualifikation.
Walter Simon hat hier die wichtigsten Werkzeuge, Modelle, Techniken und Methoden der Kommunikation prägnant zusammengefasst.
Dazu gibt er konkrete Tipps für den beruflichen und privaten Alltag: Frage- und Zuhörtechniken, Regeln für die schriftliche Korrespondenz, Diskussionstechniken, u.v.m.
Eine Fundgrube für Trainer, Studenten, Angestellte, Manager und alle, die mehr über Kommunikation erfahren möchten.

8
KB → nach C4
27

Besuch einer Buchausstellung

Hör die Nachricht und ergänze während des Hörens die Informationen, die auf dem Plakat unten fehlen.

Buchausstellung

Samstag, 22. März

Zeit	**Veranstaltung**	**Raum**
10.00–12.00	______________	Saal
14.15–15.00	Übersetzungstheorie	320
______	Nie mehr Vokabeln vergessen	____
17.15–18.00	Grammatik leicht gemacht	332
19.30–21.00	Uwe Timm liest aus seinen Werken	Saal

Sonntag, 23. März

12.15–13.00	Lieder und Reime für Kinder	332
______	Prüfungsvorbereitung Zertifikat B2	320
______	Lernen im Vorschulalter	230
17.15–18.45	______________	____
______	Mädchenband „Bigsound“	Saal

9
KB → nach C4/Fortsetzung

Die (Entstehungs-)Geschichte des Buches

Bilde Sätze im Passiv.

Zur Erinnerung: So wird das Passiv gebildet:
Am Anfang ***wurde*** *Sprache nur* ***gesprochen****.*
werden (konjugiert) + Partizip II

So wird das Passiv gebildet, wenn noch ein Modalverb dabei ist:
Schriftzeichen ***mussten*** *zuerst* ***erfunden werden****.*
Modalverb (konjugiert) + Partizip II + werden (Infinitiv)

1 Am Anfang der Menschheitsgeschichte / Sprache nur sprechen, nicht schreiben

Am Anfang der Menschheitsgeschichte wurde Sprache nur gesprochen, nicht geschrieben.

2 Zum Schreiben / zuerst Schriftzeichen erfinden müssen

Zum Schreiben mussten zuerst Schriftzeichen erfunden werden.

3 Die Phöniker / uns die heutigen Schriftzeichen / überliefern

4 Zum Beschreiben / ganz verschiedene Beschreibstoffe verwenden

5 Zum Beispiel / Bild- und Schriftzeichen / in Stein und Knochen graben oder in Baumrinde und Holztafeln schneiden

6 Zur Zeit unserer Vorfahren, den Germanen / Zeichen in Buchenstäbe ritzen

7 Daher / die Begriffe „Buchstabe" und „Buch" ableiten

8 Bis zum 15. Jahrhundert / Bücher einzeln mit der Hand schreiben und vervielfältigen müssen

9 In den Schreibstuben der Klöster und Städte / die Bücher / von Mönchen Satz für Satz abschreiben und von Buchmalern bebildern

____

____

10 Im 15. Jahrhundert / der Buchdruck / von Johannes Gutenberg in Mainz / erfinden

____

____

11 Dabei / Buchstaben einzeln aus Blei gießen / und eine ganze Textseite in einem Setzrahmen zusammenstellen

____

____

12 So / beliebig viele Seiten herstellen können

____

____

13 Mit der Erfindung des Buchdrucks im 15. Jahrhundert / viel billigen Beschreibstoff brauchen

____

____

14 Erst damals / Papier in Europa herstellen

____

____

15 Im Lauf der Zeit / die Produktionskosten für die Bücher immer mehr senken können

____

____

16 So / erstmals Bücher für das Volk herstellen können

____

____

17 Bis heute / die Buchproduktion immer mehr steigern (Präsens)

____

____

18 Jedes Jahr / Neuerscheinungen / auf den Buchmessen in Frankfurt und Leipzig vorstellen (Präsens)

____

____

LERNWORTSCHATZ

Verben

abnehmen (nahm ab, abgenommen)
sich abwenden von (Dat)
sich etw. anhören
jdn./etw. anregen
jdm. auffallen (fiel auf, ist aufgefallen)
sich etw. ausleihen (lieh aus, ausgeliehen)
aussterben (starb aus, ist ausgestorben)
jdn. auszeichnen
jdn. behandeln
jdn. benachrichtigen
jdn. bilden
davonlaufen (lief davon, ist davongelaufen)
jdm. drohen
etw. durchlesen (las durch, durchgelesen)
in etw. eintauchen
sich entscheiden für (Akk) (entschied, entschieden)
jdn. erwischen bei (Dat)
jdn. fesseln
jdn. fördern
jdm. gelingen (gelang, gelungen)
jdm. etw. gestehen (gestand, gestanden)
etw. graben (grub, gegraben)
sich kümmern um (Akk)
liegen an (Dat) (lag, gelegen)
jdn. loben
etw. senken
etw./jdn. schulen
schwanken (zwischen)
jdm. etw. stehlen (stahl, gestohlen)
etw. steigern
etw. übernehmen (übernahm, übernommen)
jdn. überraschen
jdn. überreden zu (Dat)
jdn. übersehen (übersah, übersehen)
etw. übersetzen
etw. vergleichen (verglich, verglichen)
etw. verlernen
etw. vermitteln
etw. vertonen
etw. vervielfältigen
etw. verwenden
jdm. etw. vorlesen
etw. vorstellen
etw. zusammenstellen

Nomen

das Abenteuer, -
der Alptraum, -träume
das Angebot, -e
die Aussprache
der Auszug, -züge
der Beschreibstoff, -e
die Betonung
das Blei
die Buchausstellung, -en
die Bücherei, -en
die Buchmesse, -n
der Dichter, -
das Ereignis, -se
das Feuerzeug, -e
das Gedicht, -e
das Geräusch, -e
die Gruselgeschichte, -n
das Hörbuch, -bücher
das Kloster, Klöster
die Leseratte, -n
der Liebhaber, -
die Literatur, -en
die Lyrik
das Medium, Medien
das Mittel, -
das Mittelalter
die Neuerscheinung, -en
die Produktionskosten (Pl)
das Referat, -e
die Rolltreppe, -n
der Roman, -e
das Sachbuch, -bücher
die Schachtel, -n
der Schriftsteller, -
das Schriftzeichen, -
das Tempo
der Umgang
der Verstand
der Vorfahr (e), -en
der Vorläufer, -
der Wettbewerb, -e
die Zuwachsrate, -n

Adjektive und Adverbien

***** wird nur als Adverb gebraucht*

abwärts*
achselzuckend
authentisch
diesmal*
einzeln
erfolgreich
fremdsprachlich
gemütlich
genial
geschickt
geschieden
gleichberechtigt
gleichgültig
großzügig
immens
kleinlich
nützlich
sinnvoll
sorgfältig
spannend
stilistisch
umgekehrt
umsonst*
unangenehm
ungewöhnlich
unzufrieden
zwischendurch*

Ausdrücke

(große) Angst ausstehen
zu/aus diesem/einem bestimmten Anlass
etw./jdn. im Auge behalten
es fällt mir leicht/schwer
die Freundschaft abbrechen
viel/wenig/nichts halten von (Dat)
im Nu
es ist mir peinlich
ich bin an der Reihe
etwas steckt dahinter
an einem Stück
zu Tode erschrecken

10 *KB → nach C4*

Verben

a Ergänze die passenden Verben. (Drei bleiben übrig.)

anregen ■ auszeichnen ■ behandeln ■ durchlesen ■ eintauchen ■ entscheiden ■ fesseln ■ fördern ■ vermitteln ■ vorlesen ■ übersehen ■ überraschen ■ übersetzen

1 Es ist bekannt, dass Lesen die Fantasie ________________ .
Außerdem ______________ Lesen die Ausdrucksfähigkeit.

2 Ein gutes Buch muss den Leser buchstäblich ________________ : Er legt es erst aus der Hand, wenn er es zu Ende gelesen hat.

3 Aber man sollte möglichst sorgfältig lesen, denn sonst ________________ man leicht wichtige Einzelheiten.

4 Bevor ich mich für ein bestimmtes Buch ________________ , ________________ ich die ersten 20 Seiten schnell ________________. Erst beim zweiten Lesen kann ich so richtig in die fremde Welt ________________ .

5 Für mich ________________ ein gutes Buch vor allem ein guter Stil und eine lebendige Sprache ________________ .

6 Allerdings lese ich Bücher am liebsten in der Originalsprache, sie sollten also nicht aus einer anderen Sprache ________________ sein.

7 Es ____________________ mich jedes Mal wieder neu, wie gut man sich mit einem Buch unterhalten, aber gleichzeitig auch bilden kann.

b Ergänze 2–3 passende Nomen und schreib jeweils mindestens einen Satz.

1 vergleichen: *Krimis mit Liebesgeschichten*
Man kann Krimis nicht mit Liebesgeschichten vergleichen.

2 stehlen: ______________________________

3 überreden zu: ______________________________

4 erwischen: ______________________________

5 liegen an: ______________________________

6 vervielfältigen: ______________________________

7 übernehmen: ______________________________

8 anhören: ______________________________

9 verlernen: ______________________________

11 Nomen

Ergänze passende Nomen aus der Wortliste.

1 ein Buch, das ein bestimmtes Sachgebiet behandelt: *Sachbuch*
2 dort werden neue Bücher vorgestellt: ______________
3 dort leben Mönche oder Nonnen: ______________
4 die Epoche zwischen Altertum und Neuzeit: ______________
5 ein Buch, das man nicht sieht, sondern hört: ______________
6 eine Person, die gern und viel liest: ______________
7 die Art, wie ein Laut oder Wort ausgesprochen wird: ______________
8 die Gesamtheit von Romanen, Dramen und Gedichten: ______________
9 eine Person, die die Beschäftigung mit einer Sache oder eine andere Person sehr gern mag: ______________
10 jemand, der Bücher schreibt: ______________
11 eine Person aus unserer Verwandtschaft oder unserem Kulturkreis, die vor uns gelebt hat: ______________
12 damit kann man z. B. eine Kerze anzünden: ______________
13 damit kommt man in die nächsthöhere oder darunter liegende Etage: ______________
14 eine Erzählung, bei der man eine Mischung von Furcht und Wohlgefühl empfindet: ______________
15 wenn man im Schlaf furchterregende Dinge sieht oder zu erleben meint: ______________

12 Adjektive

a Ergänze die Begriffe durch Adjektive mit gegensätzlicher Bedeutung.

1 zusammen, in der Gruppe *einzeln*
2 ohne Sinn ______________
3 großzügig ______________
4 interessiert, aufgeschlossen ______________
5 langweilig ______________
6 aufwärts ______________
7 verheiratet ______________
8 gegen Bezahlung ______________

b Ordne den Nomen jeweils ein passendes Adjektiv zu. (Es gibt mehrere Möglichkeiten.) Achte auch auf die Endung.
Erkläre dann, was dieser Ausdruck bedeutet.

genial ■ ~~geschickt~~ ■ unzufrieden ■ authentisch ■ erfolgreich ■ gemütlich ■ fremdsprachlich ■ immens ■ sorgfältig ■ stilistisch

1	*geschickt*	Handwerker	6	______	Wohnung
2	______	Ideen	7	______	Unterricht
3	______	Arbeiter	8	______	Produktionskosten
4	______	Texte	9	______	Arbeit
5	______	Geschäftsleute	10	______	Fehler

geschickte Handwerker: Das sind Personen, die einen praktischen Beruf erlernt haben und viel Talent bei der Ausübung haben.

13 Ausdrücke

Ersetze den unterstrichenen Ausdruck durch einen gleichbedeutenden aus der Wortliste.

1 Warum schenkst du ihnen eine Reise nach Hawaii?

Aus welchem Anlass schenkst du ihnen eine Reise nach Hawaii?

2 Ich habe jetzt keine freundschaftlichen Beziehungen mehr zu Tobias.

______

3 Was ist der Grund für deine plötzliche Abreise?

______

4 Jetzt komme ich dran.

______

5 Es war mir sehr unangenehm, dass ich nicht genug Geld bei mir hatte, um die Rechnung zu bezahlen.

______

6 Der neue Spieler kommt mir verdächtig vor. Du solltest ihn ständig beobachten.

______

7 Ich finde es nicht einfach, immer fit und gut gelaunt zu sein.

______

Lernerfolgskontrolle

Das habe ich in Lektion 3 gelernt:		Wo?	Ich kann es jetzt.* 1	2	3	4
Lesen	in Texten wichtige Einzelinformationen verstehen		■	■	■	■
	die persönliche Meinung des Verfassers eines Artikels erkennen		■	■	■	■
Hören	die wichtigsten Aussagen in Hörtexten verstehen		■	■	■	■
Schreiben	einen Beitrag für ein Internetforum schreiben		■	■	■	■
	einen Comic versprachlichen		■	■	■	■
	eine Geschichte zu Ende schreiben		■	■	■	■
	zu einem Text Notizen machen		■	■	■	■
	im Internetforum selbst einen Beitrag zum Thema schreiben		■	■	■	■
	einen Leserbrief schreiben, dabei differenzierten Wortschatz benutzen (s. Schreibtraining)		■	■	■	■
Sprechen	über Grafiken sprechen		■	■	■	■
	über Bücher und persönliche Lektüre sprechen; dabei persönliche Meinung äußern, mit Argumenten stützen		■	■	■	■
	Ratschläge geben		■	■	■	■
	sich an Gesprächen beteiligen		■	■	■	■
Internet	im Internet gezielt Informationen zum Thema finden		■	■	■	■
Aussprache	–					
Grammatik	die verschiedenen Bedeutungen von *es*		■	■	■	■
	Bildung und Gebrauch des Passivs		■	■	■	■
Wortschatz	Wortschatz zum Thema Lesen		■	■	■	■

* Notiere, was auf dich zutrifft.

1 = SEHR GUT (fast keine Fehler)
2 = GUT (wenige Fehler)
3 = ZIEMLICH GUT (mehrere Fehler)
4 = NOCH NICHT SO GUT (viele Fehler)

1 Daily Soaps: Spannung im Alltag

KB → nach GR1

Was passt zueinander? Ordne zu.

1 Lilli wird vielleicht eines Tages sterben,
2 Sie könnte z. B. leblos zusammenbrechen,
3 Zunächst ist geplant, dass Lilli einen Beruf erlernt,
4 Tanja, einer der „Marienhof"-Fans, ist immer richtig aufgeregt,
5 Viele Menschen identifizieren sich mit den Soap-Helden,
6 Soap-Heldin Andrea Süßkind hat schon viel erlebt,
7 Sie hatte schon eine ganze Reihe von Beziehungen,
8 Sie übte gleichzeitig mehrere Berufe aus,
9 Die Geschichte muss auch dann irgendwie weitergehen,

a seit sie im „Marienhof" spielt.
b wenn sie die Zuschauer langweilt.
c wenn einmal der Faden ausgeht.
d wenn sie das Abitur gemacht hat.
e bevor sie eine neue Folge ihrer Lieblings-Soap sieht.
f wenn sie bestimmte Handlungen oder Kleidungsstücke in der Sendung sehen.
g während sie dieses aufregende Liebesleben führte.
h wenn sie einen Hip-Hop-Kurs macht.
i bevor sie am Traualtar stand.

1	2	3	4	5	6	7	8	9

2 Soap-Fans über ihre Soap-Stars

KB → nach GR1/Fortsetzung

Wir haben die Schüler einer 7. Klasse einer Deutschen Schule gefragt, wann sie über ihre Soap-Stars sprechen. Hier sind die Antworten (Mehrfachnennungen waren möglich).

Umfrageergebnisse:	
beim Frühstück	5 %
in den Pausen in der Schule	41 %
nach dem Unterricht	23 %
vor der Sendung am Nachmittag	7 %
während der Sendung	1 %
nach der Sendung	38 %
am Abend	14 %
nie	39 %
keine Angaben	14 %

a **Berichte, wann die Schüler über ihre Stars sprechen. Was fällt dir dabei auf? Die Redemittel im Kasten helfen dir dabei.**

Die vorliegenden Umfrageergebnisse zeigen, dass ...
Aus der Umfrage geht hervor, dass ...
Man kann feststellen, dass ...

Auffallend ist, dass ...
Ich habe nicht erwartet, dass ...
Ich hätte nicht geglaubt, dass ...

b **Führt selbst eine Umfrage in eurer Klasse durch und berichtet über die Ergebnisse.**

3 So sieht meine Woche aus

KB → nach GR1/Fortsetzung

Zeitangaben: Präpositionen + Nomen

vor (+ Dat)	vor der Sendung
nach (+ Dat)	nach dem Unterricht
während (+ Gen oder Dat)	der Sendung
in (+ Dat)	in den Pausen
bei (+ Dat)	beim Frühstück
an (+ Dat)	am Montag
um (+ Akk)	um 10 Uhr
seit (+ Dat)	seit letztem Monat
von ... bis (zu*) (+ Dat)	von Januar bis Februar
* bei Nomen mit Artikel	vom Morgen bis zum Abend

Berichte, wie deine Woche als Schüler verläuft. Schreib 8–10 Sätze und nimm dazu die Präpositionen und die Ausdrücke im Kasten.

an – um – bis (zu) – in		Morgen/(Vor-/Nach-)Mittag/Abend
		Uhr
	dem/der	Schule/Pause/Unterricht/Klassenarbeit/Ferien
vor – nach – während		Montag usw./Wochenende
	in	Volleyballtraining/Klavierstunde
		Essen/Hausaufgaben/Fernsehen/Film
bei – seit – von ... bis (zu)		Januar usw./einige Tage/Wochen/Monate
		...

4 Zettel am Schwarzen Brett

KB → nach GR1/Fortsetzung

Ergänze die fehlenden Präpositionen.

Schüler-Flohmarkt: Freitag, den 13. März, 16 _____ 20 Uhr

Wer hat auf dem Schulhof mein Silberarmband gefunden? Ich habe es _____ Dienstag _____ Völkerballspielen verloren.

___ März bleibt wegen Bauarbeiten im 3. Stock die Schülerbibliothek geschlossen. ___ Beendigung der Bauarbeiten ___ 28. März können die Schüler die Bücher im Sekretariat zurückgeben.

Mitfahrgelegenheit nach Köln _____ nächsten Wochenende (18.2.). Kontaktaufnahme erbeten _____ spätestens 15.2.

Freiwillige Helfer fürs Schulfest gesucht. Besprechung morgen ____ dem Unterricht ____ 14 Uhr in der Halle.

____ drei Tagen wird eine weiße Spitzmaus vermisst. Wer hat sie gesehen? Telefon 982378 nachmittags und abends ____ spätestens 22 Uhr.

5 *in* oder *nach*?

KB → nach GR1/Fortsetzung

In drei Wochen beginnen endlich die Sommerferien.

Wir fuhren ins Allgäu und ***nach*** 14 Tagen fuhren wir wieder nach Hause.

a Ergänze die passende Präposition.

1 Wenn du mir das Geld nicht spätestens __________ drei Tagen gibst, muss ich darüber mit deinem Vater sprechen.

2 Ich bin schon unterwegs zu dir! __________ fünf Minuten bin ich bei dir.

3 Er hat mir mein Buch erst __________ einem Jahr wieder zurückgegeben.

4 Die Briefe hierher brauchen immer ziemlich lange. Letztes Mal kam dein Brief erst __________ sechs Tagen an.

5 Es war kaum Verkehr auf der Straße. Ich war schon __________ 20 Minuten zu Hause.

6 Ich muss noch ein bisschen arbeiten. Komm doch __________einer Stunde, da bin ich sicher fertig.

7 Ich habe den Kuchen schon __________ einer halben Stunde aus dem Backofen genommen, weil er schon ganz braun war.

8 Der Sturm zerstörte große Teile des Waldes. Sogar __________ fünf Jahren war der Schaden noch deutlich zu sehen.

9 Sie ist doch erst 12 Jahre alt. __________ zwei, drei Jahren wird sie sich sicher noch sehr verändern.

b Kannst du die unterschiedliche Verwendung der beiden Präpositionen beschreiben? Ergänze dazu die Erklärung unten.

	in der Zukunft	in der Vergangenheit	
Man verwendet *in*, wenn eine Handlung	☐	☐	stattfindet.
Man verwendet *nach*, wenn eine Handlung	☐	☐	

6 Partizip I oder II?

KB → nach GR2

Kreuze die richtige Lösung an und begründe deine Entscheidung.

1 eine unerlaubte Liebe ist eine
- ☐ verbietende Liebe
- ☐ verbotene Liebe

2 ein interessanter Film ist ein
- ☐ spannender Film
- ☐ gespannter Film

3 Freunde, die sauer aufeinander sind, sind
- ☐ beleidigende Freunde
- ☐ beleidigte Freunde

4 ein gutes Drehbuch ist ein
- ☐ gut schreibendes Drehbuch
- ☐ gut geschriebenes Drehbuch

5 ein Mensch, der Eindruck auf andere macht, ist ein
- ☐ beeindruckender Mensch
- ☐ beeindruckter Mensch

6 ein Hund, der frisst, ist ein
- ☐ fressender Hund
- ☐ gefressener Hund

7 ein ganz verrückter Typ ist ein
- ☐ ausflippender Typ
- ☐ ausgeflippter Typ

8 eine nicht mehr ledige Frau ist eine
- ☐ verheiratende Frau
- ☐ verheiratete Frau

9 Jugendliche, die auf der Straße eine Demonstration machen, sind
- ☐ demonstrierende Jugendliche
- ☐ demonstrierte Jugendliche

10 Diktate, in denen keine Fehler mehr sind, sind
- ☐ korrigierende Diktate
- ☐ korrigierte Diktate

7 Talkshows

KB → nach GR2/Fortsetzung

Ergänze Partizip I oder II mithilfe des Verbs in der Klammer. Achte darauf, dass das Partizip als Adjektiv oder Adverb verwendet werden kann.

Leute, die mit einem Problem konfrontiert sind, diskutieren das Problem in einem Fernsehstudio vor ______________ (laufen) Kameras. Manchmal unterbricht das ______________ (schreien) Publikum das Gespräch. Die ______________ (moderieren) Journalistin versucht, sich möglichst wenig einzumischen. Meistens finden Jugendliche Talkshows ______________ (spannen). Sie sind nicht ______________ (schockieren), wenn sich die Gäste gegenseitig anschreien und sogar beleidigen. Sie erkennen aber auch, dass der Streit ______________ (überwiegen) provoziert ist. Die Teilnehmer einer Talkshow werden mit Überraschungsgästen konfrontiert und stehen plötzlich ______________ (zerstreiten) Freunden oder Familienmitgliedern gegenüber. Und wenn das nicht reicht: Manchmal sitzen im Publikum auch *sogenannte* (so nennen) „Aufreger". Sie heizen die Stimmung durch Zurufe an wie: „______________ (verwöhnen) Göre! Werde erst mal erwachsen!" Wenn die Teilnehmer sich ______________ (provozieren) fühlen, kann es zu unangenehmen Situationen kommen.

8 *KB → nach GR2/Fortsetzung*

Partizip II: passivischer oder aktivischer Gebrauch

Passivisch (p) oder aktivisch (a)? Kreuze an.

passivischer Gebrauch	
die in Deutschland produzierten Soaps	Die Soaps werden in Deutschland produziert. (Gegenwart) Die Soaps wurden in Deutschland produziert. (Vergangenheit)
aktivischer Gebrauch	
die stark gestiegenen Preise	Die Preise sind stark gestiegen. (Vergangenheit)

		p	a
1	Die in Deutschland **produzierten** Soaps sind sehr erfolgreich.	☒	☐
2	Wir ärgern uns über die stark **gestiegenen** Preise.	☐	☐
3	In der **vorangegangenen** Folge hat Andrea geheiratet.	☐	☐
4	Der neulich **verstorbene** Schauspieler Michael M. war erst 25 Jahre alt.	☐	☐
5	Mir gefallen die nicht **synchronisierten** Filme viel besser als die synchronisierten.	☐	☐
6	Hannes ist ein **ausgebildeter** Schauspieler.	☐	☐
7	Immer kommst du mit deinen nicht **bezahlten** Rechnungen zu mir!	☐	☐
8	Die heute Morgen **erschienenen** Zeitungen berichten alle über die Wettkämpfe.	☐	☐
9	Der in der Nacht **gefallene** Regen hat der Natur sehr gutgetan.	☐	☐
10	Er gehört nicht zu den **eingeladenen** Gästen.	☐	☐
11	Der auf Gleis 6 **eingefahrene** Zug hat zehn Minuten Aufenthalt.	☐	☐
12	Wann kann ich das **reparierte** Auto abholen?	☐	☐

9 *KB → nach A3*

Schreibtraining: Grammatikfehler, die oft vorkommen

In dem Leserbrief, der an eine deutsche Zeitung geschickt werden soll, sind insgesamt 15 Fehler.

a Unterstreiche die Fehler und erkläre, was falsch ist.

An die Zeitung „Jedermann": Machen Soaps neurotisch?

Sehr geehrte Damen und Herren,
mit <u>großen</u> Interesse lese ich ihre Beiträge und finde sie in der Regel sehr interessant. Das gilt auch für den Artikel vom 27.6. mit dem Titel „Machen Soaps neurotisch?". Der Verfasser des Artikels empfiehlt den Eltern, den „Soap-Konsum" ihrer Kinder beobachten. Das finde ich gut, aber würde ich noch weiter gehen!
Ich bin alleinerziehende Mutter einer 14-jährigen Tochter. Meine Tochter sieht jede Tag mindestens zwei Soaps im Fernsehen. Selbstverständlich habe ich Verständnis dafür, dass Jugendliche diese Sendungen sehen.
Wenn meine Tochter sich diese Sendungen nur würde ansehen, hätte ich damit kein Problem. Leider ist die Situation viel schlimmer. Seit einen halben Jahr verwandelt sich das Zimmer von Yvonna in einen „Schrein", in dem nur noch Poster von verschiedenen Soap-Stars hängen. Als mir bei Saubermachen einmal ein solches Poster heruntergefallen ist, gab einen Riesenstreit. An den Mahlzeiten spricht sie entweder über die Sendungen oder gar nicht. Ihre Handyrechnungen sind es wahnsinnig hoch, weil sie sich mit ihren Freundinnen stundenlang über die Sendungen unterhält. In meinen Augen ein total neurotisches Verhalten.

Ich habe immer wieder versucht, ruhig und sachlich mit ihr darüber zu sprechen, ohne Erfolg. Ich habe auch mit ihre Klassenlehrer ein Gespräch geführt, der mir aber sagte, dass die Schule sich nicht in die Freizeitaktivitäten der Schülern einmischen kann. Er meinte, das würde sich mit der Zeit wieder normalisieren.
Ich bin aber der Meinung, dass es hier professionelle Hilfe nötig ist. Es muss klargemacht werden, dass dieses Verhalten zu gesellschaftlicher Vereinsamung führt, weil Jugendliche nur noch mit Gleichgesinnte kommunizieren, aber alle anderen Kontakte abbrechen. Außerdem ist es gefährlich, diese Scheinwelt für das reale Leben zu halten und die Stars als Vorbilder zu betrachten.
Vielleicht gibt es noch anderen Eltern, die solche Probleme haben. Ich würde mich über einen Erfahrungsaustausch sehr freuen.

Mit freundlichen Grüßen
Verena M.

b **Um was für Fehler handelt es sich in diesem Brief?**
Trag die Kategorien in die Tabelle ein. Vielleicht brauchst du nicht alle Spalten.

Endungen Adjektiv					
mit großem Interesse					

c **Schreib den Brief noch einmal in korrigierter Form.**

10 Abendprogramm im Deutschen Fernsehen.

KB → nach A3/Fortsetzung

Suche fürs kommende Wochenende im Abendprogramm des deutschen Fernsehens für fünf Personen nach einer passenden Sendung. Die Personen sind:

1 Yvonne. Sie ist Psychologiestudentin und mag gut gemachte Krimis.
2 Sarah. Sie ist Maklerin. Sie informiert sich gern über bekannte Persönlichkeiten aus dem Showbiz.
3 Bertram. Er ist Angestellter und wünscht sich nach der Arbeit vor allem leichte, nicht besonders anspruchsvolle Unterhaltung.
4 Anne. Sie ist Katzenliebhaberin und möchte möglichst viel über ihre Lieblinge und deren Psyche erfahren.
5 Nils. Er ist 11 Jahre alt und sieht gern spannende Kindersendungen, besonders solche, in denen auch Tiere mitspielen.

a **Überlegt euch zuerst in der Klasse, um was für Personen es sich oben handelt und wie man sie beschreiben könnte.**

Beispiel:
Yvonne: analysiert Verhaltensweisen, kann sich in Menschen hineinversetzen

b **Lies dann die Texte und markiere solche Textstellen, die zu den Personenbeschreibungen oben passen.**

c Welche Sendung passt zu den Personen? Ordne zu. Es ist möglich, dass nicht zu jeder Person etwas Passendes zu finden ist.

A Die Braut, die sich nicht traut
Sieben Männer hat sie schon vor dem Traualtar stehen lassen – die panische Maggie in einem kleinen Ort in Maryland. So schreibt zumindest der New Yorker Kolumnist „Ike" Graham. Doch Maggie reagiert: Mit einer wütenden Gegendarstellung sorgt sie für seine Entlassung. Ike reist nach Maryland, um endlich den Wahrheitsgehalt seiner Story zu überprüfen – und trifft auf eine betörende Schöne, die mitten in ihren nächsten Hochzeitsvorbereitungen steckt …
Das Traumpaar Richard Gere und Julia Roberts erneut vor der Kamera. Und: Die Funken sprühen noch immer!

B München
September 1972 verüben palästinensische Terroristen einen blutigen Anschlag auf das israelische Olympiateam in München. Israels Geheimdienst Mossad setzt eine Todesschwadron auf die Verantwortlichen an …
Beklemmend, düster, heftig diskutiert: Geschichtsstunde der spannenden Art.

C Der verwöhnte Freund des Menschen
In deutschen Haushalten leben rund 5 Mio. Hunde, für die jährlich ca. 5 Mrd. Euro ausgegeben werden. Nicht nur Futter und Körbchen gehen ins Geld. Etliche Bellos werden in den Kindergarten bzw. in die Schule geschickt, machen den Führerschein und schließlich Karriere als Model oder auf der Rennbahn. Sollte es im tierisch-menschlichen Zusammenleben kriseln, weiß der Psychologe Rat.

D Pastewka
Bevor Bastian Pastewka als Sohn Gottes auf der Leinwand erscheint, muss er sich bei Probeaufnahmen gegen seine Konkurrenten Michael Kessler und Maddin Schneider durchsetzen. Klar, dass der Neurotiker zu fiesen Tricks greift … Nicht nur Hauptdarsteller „Basti", auch seine Kumpels spielen sich selbst und beweisen auf sympathische Weise Selbstironie. Hier kommt kaum einer gut weg – deshalb ist das Gesamtpaket echt lustig.

E Der Kriminalist
Hauptkommissar Bruno Schumann und Jana Wagner finden einen rätselhaften Tatort vor: Blutspuren quer durch das Wohnzimmer zeugen vom qualvollen Ende eines alten Mannes. Alles deutet auf Raubmord. Doch der kranke Ebner wurde gar nicht mit der Gehhilfe erschlagen, sondern vergiftet. Aus Rache? – Hier spielt Berkel überzeugend den Kriminalen, der sich intensiv ins Leben des Opfers hineindenkt, um dem Täter auf die Spur zu kommen.

F Hip-Sein ist alles
Zur Szene gehört, wer cool ist und einen „hippigen" Lebensstil pflegt. Selbstinszenierungen und Imagepflege machen Menschen wie Victoria Beckham oder Paris Hilton zu Lifestyle-Ikonen. Nach einer Doku über Trends seit 1945 dreht es sich ab 23.10 Uhr um „Das Geschäft mit dem Trend".

G Scooby-Doo
Vor zwei Jahren haben sich die Geisterjäger der Mystery AG heillos zerstritten. Eine geheimnisvolle Einladung führt sie wieder zusammen: Fred, der Mädchenschwarm, Martial-Arts-Expertin Daphne, Tollpatsch Shaggy, die kluge Velma und die Dogge Scooby-Doo. Ein Freizeitparkchef macht sich Sorgen, weil alle Kinder nach ihrem Urlaub auf „Spooky Island" wie verhext erscheinen …
Die Cartoon-Serie erfreut schon seit vielen Jahren die US-Kids. Diese Realversion hat Tempo, ist aufwendig gemacht und herrlich verrückt.

H Hauptstadt Berlin – Vom Kaiser bis zur Kanzlerin
„Langweilige Stadt in schöner Landschaft", befand Reichsgründer Otto von Bismarck. Doch mit der Beschaulichkeit war's bald vorbei. Die glamourösen 1920er-Jahre prägten die Metropole ebenso wie Nazi-Wahn, Bombenangriffe, Teilung, Kalter Krieg, Mauerbau und Wiedervereinigung. Heute hat Berlin rund 3,5 Mio. Bewohner, misst sich zunehmend mit Weltstädten wie London und Paris.

11 Schauspielschule

KB → nach B1

Ergänze die Adjektive aus dem Kasten.

anerkannten ■ bekannte ■ bekannten ■ bedeutende ■ berühmter ■ führende ■ gesamte ■ große ■ großem ■ großen ■ harte ■ künftige ■ rhetorische ■ richtiges

Den Traum, ein ______________ Schauspieler zu werden und eine ______________ Rolle zu spielen oder sogar neben anderen ______________ Stars zu schauspielern, hat irgendwann fast jeder Jugendliche. In Wirklichkeit passiert es aber selten, dass ______________ Regisseure ein ______________ Naturtalent entdecken und ihm gleich eine ______________ Hauptrolle anbieten. Zu einer Karriere als Schauspieler gehört neben ______________ Können und einer ebenso ______________ Portion Geduld auch eine ______________ Ausbildung. Die bekommt man an einer staatlich ______________ Schauspielschule. Eine Schauspielschule besuchen oft aber nicht nur ______________ Profi-Schauspieler, sondern auch Menschen, die zum Beispiel eine ______________ Position in einer Firma haben und die Firma in der Öffentlichkeit repräsentieren müssen. Sie können dort ______________ Fähigkeiten erwerben, die das ______________ Auftreten sicherer machen.

12 Wortnegation

KB → nach B2e

Anna und Irina sind Zwillinge.
Anna sagt immer das Gegenteil von dem, was ihre Schwester sagt.

Wortnegation
Bei der Wortnegation steht die Negation vor dem Wort, das verneint werden soll:
Ich gehe nicht oft ins Theater.

Häufig wird der Begriff auch „korrigiert":
Ich gehe nicht ins Theater, sondern in die Oper.
Das ist kein Handy, sondern ein schnurloses Telefon.
Nicht meine Schwester, sondern meine Cousine heißt Candida.

Lies die Sätze zuerst laut und unterstreiche dann den Ausdruck, der verneint werden soll. Schreibe die verneinten Sätze wie im Beispiel.

Beispiel: Ich gehe ziemlich gern in die Schule
Ich gehe nicht gern in die Schule, sondern ausgesprochen ungern.

1 Ich mache die Hausaufgaben gleich, wenn ich von der Schule nach Hause komme.
2 Ich finde unsere Englischlehrerin sehr nett.
3 Ich gehe oft in die Schülerbücherei.
4 Ich leihe mir viele Bücher aus.
5 Physik ist wirklich interessant.
6 Auch Latein ist ein schönes Fach.
7 Ich gehe mit meinem Vetter ins Kino.
8 Ich mache im Mai eine Party.
9 In meiner Freizeit beschäftige ich mich mit vielen Dingen.

13 Sag den Satz anders und benutze dabei eine Negation.

KB → nach B2e/Fortsetzung

Beispiel: Man ist isoliert. *Man hat keinen Kontakt zu anderen.*

1 Viele Jugendliche kaufen jahrelang dieselbe Kleidermarke.
2 Viele Kinder bleiben immer in der Wohnung.
3 Ich kann gut ohne Fernseher leben.
4 Lesen ist anstrengender als Fernsehen.
5 Ich habe zu wenig Geld für ein Auto.
6 Seine Eltern sind ganz verständnislos.
7 Sie spricht fehlerfrei Portugiesisch.
8 Ich werde immer bei dir bleiben.
9 Dieses Auto ist umweltfreundlich.
10 Ich fürchte, du hast mich missverstanden.

14 *KB → nach B2e/Fortsetzung*

schon – noch nicht/noch kein
noch – nicht mehr/kein ... mehr

Schreibe Antwortsätze wie im Beispiel.

Beispiel:
Gehst du schon zur Schule? – *Nein, (ich gehe) noch nicht (zur Schule).*
Gehst du noch nicht zur Schule? – *Doch, ich gehe schon zur Schule.*

Gehst du noch zur Schule? – *Nein, (ich gehe) nicht mehr (zur Schule).*
Gehst du nicht mehr zur Schule? – *Doch, ich gehe noch zur Schule.*

1 Bist du schon mit den Hausaufgaben fertig? – Nein, ______ .

2 Hast du noch viel zu machen? – Nein, ______ .

3 Hast du die Matheaufgaben noch nicht gelöst? – Nein, ______ .

4 Hast du Physik auch noch nicht gemacht? – Doch, ______ .

5 Hast du schon den Führerschein? – Nein, ______ .

6 Hast du noch nie die Schule geschwänzt? – Doch, ______ .

7 Hast du noch Geld fürs Kino? – Nein, ______ .

8 Bekommst du kein Taschengeld mehr? – Doch, ______ .

9 Hast du Tom nicht mehr angerufen? – Doch, ______ .

10 Bist du schon satt? – Nein, ______ .

11 Möchtest du noch Kartoffelsalat? – Nein, ______ .

12 Isst du kein Eis mehr? – Doch, ______ .

15 *KB → nach B2e/Fortsetzung*

Man darf nicht alles glauben!

Hier hat sich der Reporter einen Spaß erlaubt! Er hat von allem das Gegenteil geschrieben.

Lies den Text. Schreib dann den Text neu, indem du die markierten verneinten Textstellen positiv ausdrückst und umgekehrt.

Jugendliche trainieren keine Stunts
Simone tritt Tobias nicht in den Bauch. Der fällt nicht vor ein Auto. Markus stürzt nicht von einer hohen Mauer und blutet nicht. Jemand greift ein, jemand hilft. Es bricht kein Applaus aus. Simone, Tobias und Markus freuen sich nicht. Die drei 14-Jährigen springen nicht freiwillig aus Fenstern, sie fallen nicht die Treppen hinunter und prügeln sich nicht. Doch verletzen will sich jeder.
Simone, Tobias und Markus besuchen Deutschlands einzige Kinder- und Jugendstuntschule nicht. Der Schauspieler Manfred Kaufmann hatte vor einigen Jahren nicht die Idee dazu. Der Bedarf an Jugendlichen für Filme und Fernsehserien wird nie größer. „Doch viele Kinder und Jugendliche haben ... Körpergefühl", erzählt Kaufmann. Der Treppensturz soll ja für den Zuschauer nicht echt aussehen und der Schauspieler soll sich ... die Knochen brechen."

Wie das nicht geht, erfahren Kinder und Jugendliche ab 6 Jahren nicht zweimal in der Woche. Professionelle Stuntlehrer leiten das Training nicht.
Das Wichtigste ist nicht, Konzentration, Mut, Selbstbewusstsein und Vertrauen im Team zu verstärken. Markus springt nicht von einer drei Meter hohen Wand. Unten liegen keine Matten, die den Sturz nicht abfedern. Nach dem Sprung sagt die Lehrerin Markus nicht, was er nicht falsch gemacht hat. Wichtig bei allen Stunts ist nicht die richtige Zeiteinteilung. Das wissen auch Simone und Tobias nicht. Der Tritt in den Magen und das schmerzverzerrte Gesicht dürfen nicht genau gleichzeitig kommen. Erst dann wirkt die Szene nicht echt.
... Alle Kinder und Jugendlichen der Stuntschule wollen ins Fernsehen. Ihnen macht das Training einfach keinen Spaß. Mitmachen kann keiner. „Die Tricks des Fernsehens sind nicht spannend," meint Tobias. Er nimmt keinen Schluck Filmblut, den er später bei der Prügelei nicht ausspucken soll. Eins hat er auf keinen Fall gelernt: Man darf ... alles glauben, was im Fernsehen nicht gezeigt wird.

Jugendliche trainieren ~~keine~~ Stunts

16 Mündlicher Ausdruck: Foto auswählen

KB → nach C3

Wählt für einen Beitrag in einer Zeitschrift zum Thema „Alternativen zum Fernsehen" eines der drei Fotos aus.
Beachtet die Hinweise und benutzt die angegebenen Redemittel.

Mach einen Vorschlag und begründe ihn.
Ich würde ... nehmen, weil ...
Ich schlage vor, wir nehmen dieses Foto, weil ...
Dieses Foto wäre am besten/besser geeignet, denn ...
Warum denn nicht dieses Foto?/Wie wär's denn mit diesem Foto? Ich finde, ...

Widersprich deinem Gesprächspartner/deiner Gesprächspartnerin.
Ich finde, das passt (gar/überhaupt) nicht.
Da bin ich aber (ganz) anderer Meinung.
Damit bin ich nicht einverstanden.
Auf keinen Fall!/Ausgeschlossen!

Du bestehst auf deiner Meinung.
Das überzeugt mich nicht.
Das stimmt nicht.
Das kann schon sein, aber ...
Trotzdem ist/wäre ...

Du wendest etwas ein.
Ja schon, aber ...
Zwar ..., aber ...
Ja, aber ... ist doch (wirklich/auch) ...
Findest du wirklich, (dass) ...
Ich habe gehört, (dass) ...

Du gibst nach.
Ja, eigentlich schon.
Das stimmt (natürlich) schon.
Daran habe ich gar nicht gedacht!
Da hast du (eigentlich/natürlich) recht.

Ihr solltet am Ende zu einer Entscheidung kommen.
Also gut, dann nehmen wir dieses Foto.
Gut. Das ist die beste Lösung.
Ich sehe das genauso wie du.
Ich bin derselben Meinung wie du.
Ich bin auch dafür.
Gut, ich bin einverstanden.
Damit habe ich kein Problem.
Meinetwegen./Ja, das geht.

17 Phonetik

KB → nach C

a Lies die Sätze laut.

- ● Ich würde das erste Foto nehmen, auf dem die Jugendlichen wandern, weil hier eine Freizeitaktivität dargestellt ist, bei der die jungen Leute im Freien sind und sich bewegen.
- ■ Ja, schon, aber Wandern ist keine so interessante Freizeitbeschäftigung für Jugendliche. Das ist zwar gesund, aber langweilig.
  Wie wär's denn mit dem zweiten Foto? Ich finde, Tanzen macht allen jungen Leuten Spaß.
- ● Das stimmt natürlich schon. Vielleicht passt Tanzen besser zu Jugendlichen.
  Gut, ich bin einverstanden. Wir nehmen dieses Foto.
- ■ Ja, das ist die beste Lösung.

28 **Hör die Sätze und kontrolliere deine Aussprache**

b Sprich die Sätze frei.

LERNWORTSCHATZ

Verben

etw. abbrechen (brach ab, abgebrochen)
abhängen von (Dat) (hing ab, abgehangen)
achten auf (Akk)
jdn. anschreien (schrie an, angeschrien)
etw. aufnehmen (nahm auf, aufgenommen)
jdn. auszeichnen mit (Dat)
jdn. beleidigen
bluten
etw. darstellen
etw. drehen
einfallen (fiel ein, ist eingefallen)
eingreifen (griff ein, eingegriffen)
etw. einschalten
etw. enthalten (enthielt, enthalten)
entstehen (entstand, ist entstanden)
sich entwickeln
sich erinnern an (Akk)
jdn. ermorden
etw. erfinden (erfand, erfunden)
etw. genießen (genoss, genossen)
handeln von (Dat)
etw. herunterladen (lud herunter, heruntergeladen)
sich identifizieren mit (Dat)
sich kuscheln
etw./jdn. loben
jdn. missbrauchen
moderieren
etw. präsentieren
jdn. provozieren
sich prügeln
etw./jdn. retten
etw. schlucken
sterben (starb, ist gestorben)
streiken
etw. stricken
stürzen
etw. synchronisieren
jdn. treten (trat, getreten)
überleben
sich etw. überlegen
etw. umsetzen
umziehen (zog um, ist umgezogen)
sich unterscheiden von (Dat) (unterschied sich, hat sich unterschieden)
jdn. unterstützen
etw. verfolgen
etw. verlängern
etw./jdn. verlassen (verließ, verlassen)
verschwinden (verschwand, ist verschwunden)
jdn. mit etw. versorgen
jdn. verwöhnen
sich etw. vornehmen (nahm vor, vorgenommen)
wachsen (wuchs, ist gewachsen)
zusammenbrechen (brach zusammen, ist zusammengebrochen)

Nomen

das Abenteuer, -
die Alltagsgeschichte, -n
die Anlaufstelle, -n
der Applaus
das Arbeitsamt, -ämter
der Aufbau
die Aufnahme, -n
der Bauch, Bäuche
der Begleiter, -
der Behinderte, -n
der Besitzer, -
die Betätigung, -en
die Bewegung, -en
die Biografie, -n
die Bühne, -n
der Dauergast, -gäste
der Dramaturg, -en
die Dreharbeit, -en
das Drehbuch, -bücher
der Einsatz, -sätze
die Einstellung, -en
der Einzelfall, -fälle
der Erfolg, -e
die Erkennungsmelodie, -n
der Faden, Fäden
das Familienmitglied, -er
die Fernbedienung, -en
das Filmblut
der Filmemacher, -
die Geborgenheit
das Gefühl, -e
die Handlung, -en
die Heldin, -nen
der Hintergrund
der Kanal, Kanäle
der Koordinator, -en
das Körpergefühl
der Krieg, -e
die Kunstfigur, -en
der Laie, -n
der Laubbaum, -bäume
der Liebeskummer
die Nachrichtendarstellung, -en
der Nachwuchsdarsteller, -
das Naturtalent, -e
das Privatleben
der Produzent, -en
der Profi, -s
der Publikumsliebling, -e
der Regisseur, -e
der Schal, -s
das Schauspielwunder, -
die Scheinwelt, -en
das Schicksal, -e
der Selbstmörder, -
die Soap, -s
der Soldat, -en
die Spannung
der Stadtteil, -e
der Statist, -en
der Stiefvater, -väter
die Sucht, Süchte
die Talkshow, -s
die Taste, -n
die Überdosis, -dosen
die Übertreibung, -en
die Umgebung, -en
der Vertrag, Verträge
die Voraussetzung, -en
der Wettbewerb, -e
der Zeuge, -n

Adjektive und Adverbien

wird nur als Adverb gebraucht

ähnlich
aktuell
attraktiv
aufgeregt
aufregend
authentisch
begeistert
beteiligt
dilettantisch
divers
echt
eng
fiktiv
freiwillig
geeignet
haarscharf
heiß
kindisch
komprimiert
konfrontiert
künstlerisch
kurzlebig
lächerlich
leblos
lehrreich
neulich*
pausenlos
präsent
pummelig
riesig
schrecklich
sogenannt
überwiegend
üblich
ungewiss
unheimlich
unwahrscheinlich
vertraut
vorhanden
zurückhaltend

Ausdrücke

in der engeren Auswahl sein
im Bann (+ Gen)
etw. gemeinsam machen
Gewalt verüben
sich etw./jdn. vom Hals schaffen
vor der Kamera stehen
Kompromisse machen
blöde Sprüche machen
tagaus tagein

18 Verben

a Ergänze den Text mit den Verben im Kasten. (Drei bleiben übrig.)

abhängen ■ darstellen ■ einschalten ■ enthalten ■ entstehen ■ entwickeln ■ ~~erfinden~~ ■ handeln ■ schlucken ■ sterben ■ stricken ■ überleben ■ umsetzen ■ unterstützen ■ verfolgen ■ verlängern ■ verschwinden

Der Chef-Outliner *erfindet* die Figuren einer Daily Soap und ___________ die Ideen in die Praxis ___________ . Am Anfang weiß er noch nicht, welche Figuren in weiteren Folgen der Soap ___________ und welche ___________ . Das ___________ von der Reaktion der Zuschauer ___________ , wie viele Menschen also jeden Tag ihren Fernseher ___________ und ___________ , wie die Geschichte weitergeht. Der Chef-Outliner beobachtet, wie sich die Figuren ___________ . Zum Beispiel Mary Muhsal, die „Lilli" ___________ . Wenn sie die Zuschauer langweilt, wird sie vielleicht eine Überdosis Schlaftabletten ___________ und ___________ . Eine Daily Soap ist wie ein Schal: Viele Menschen ___________ daran und ___________ den Schal und so ___________ die ganze Produktion.

b Ergänze das passende Verb aus dem Kasten. (Drei bleiben übrig.)

einfallen ■ genießen ■ herunterladen ■ identifizieren ■ loben ■ präsentieren ■ retten ■ umziehen ■ unterscheiden ■ versorgen ■ vornehmen ■ wachsen ■ zusammenbrechen

1 in eine andere Stadt ___________________

2 einem Menschen das Leben ___________________

3 jemanden mit Nahrungsmitteln ___________________

4 vor Hunger und Erschöpfung ___________________

5 Musik aus dem Internet ___________________

6 sich mit der Heldin der Soap ___________________

7 das Leben jeden Augenblick ___________________

8 jedes Jahr ein paar Zentimeter ___________________

9 sich von den anderen Schauspielern stark ___________________

10 den Schüler für seine gute Leistung ___________________

c **Ergänze das Verb oder das Nomen.**

Verb	**Nomen**
ermorden	der Mord
______	der Missbrauch
______	das Lob
______	der Einfall
aufnehmen	______
______	der Darsteller
______	der Abbruch
aufbauen	______
sich betätigen	______
einsetzen	______
einstellen	______
handeln	______
koordinieren	______
fühlen	______
______	die Auszeichnung
voraussetzen	______

Schreibe nun je einen Satz mit den Verben.

19 Nomen

a **Ergänze das passende Nomen.**

1 Jemand, der auf einem bestimmten Gebiet keine besonderen Kenntnisse hat: *Laie*

2 Eine Welt, die in Wirklichkeit ganz anders ist: ______

3 Rote Flüssigkeit, mit der man im Film Körperverletzungen darstellt: ______

4 Eine Person, die eine einfachere, stumme Rolle in einem Film spielt: ______

5 Männer, die im Krieg kämpfen: ______

6 Beschreibung einer Lebensgeschichte: ______

7 Jemand, dem etwas gehört: ______

8 Ein Baum, dessen Blätter im Herbst abfallen: ______

9 Das braucht man, wenn man nähen möchte: ______________________

10 Damit kann man z. B. den Fernseher an- und ausmachen und verschiedene Programme auswählen: ______________________

11 Ein Schauspieler, den das Publikum sehr gern mag: ______________________

12 Eine Person, die z. B. ein Verbrechen beobachtet hat und bei Gericht aussagen soll: ______________________

13 Musik, mit der alle Folgen einer Sendung beginnen: ______________________

14 Ein Gefühl von emotionaler Sicherheit: ______________________

b Erkläre folgende Nomen mit deinen eigenen Worten:

1 Arbeitsamt: ______________________

2 Alltagsgeschichte: ______________________

3 Liebeskummer: ______________________

4 Stiefvater: ______________________

5 Wettbewerb: ______________________

c Mach eine Liste in deinem Heft mit den Nomen im Kasten.
Welche Regeln für die Pluralbildung kannst du ableiten?

Abenteuer ■ Arbeitsamt ■ Begleiter ■ ~~Dauergast~~ ■ Dreharbeit ■ Drehbuch ■ Einzelfall ■ Gefühl ■ ~~Erfolg~~ ■ Faden ■ Kanal ■ Kunstfigur ■ Laubbaum ■ Profi ■ Schal ■ Schauspielwunder ■ Scheinwelt ■ Soap ■ Stadtteil ■ Stiefvater

	-e / ¨-e	- / ¨-	-er / ¨-er	-(e)n	-s
Dauergast	*Dauergäste*				
Erfolg					
...					
...					

20 Adjektive

a Schreib Ausdrücke mit den passenden Adjektiven aus dem Kasten. (Drei bleiben übrig.)

> aufgeregt ■ aufregend ■ authentisch ■ eng ■ geeignet ■ kurzlebig ■ lächerlich ■ lehrreich ■ künstlerisch ■ pummelig ■ ~~ungewiss~~ ■ unheimlich ■ unwahrscheinlich ■ vertraut ■ zurückhaltend

1 Man weiß nicht, was in der Zukunft passiert: *eine ungewisse Zukunft*

2 Die Zuschauerin hat Herzklopfen: ______

3 Aus dieser Geschichte kann man etwas lernen: ______

4 In dem Büro ist sehr wenig Platz: ______

5 Über diese Angelegenheit kann ich nur lachen: ______

6 Niemand hält eine solche Entwicklung für realistisch: ______

7 Bei dieser Erzählung bekomme ich Gänsehaut: ______

8 Der Junge spricht nur wenig und drängt sich nie in den Vordergrund:

______

9 Die Geschichte wurde so erzählt, wie sie passiert ist: ______

10 Diese Gesichter hat man schon oft gesehen, sie sind einem bekannt:

______

11 Die Figuren leben nicht lange: ______

12 Das Mädchen ist ziemlich rundlich: ______

b Ergänze passende Adjektive aus der Wortliste.

1 Morgen soll die Temperatur stark ansteigen: Es soll sehr ______ werden.

2 Er hat seine Arbeit wirklich nicht unterbrochen, sondern ______ gearbeitet.

3 Das Publikum hat wie verrückt applaudiert, und ich war auch ganz ______ von der Vorstellung.

4 Die Soaps unterscheiden sich nicht stark voneinander, sie sind sich ziemlich ______ .

5 Es sind erst wenige Tage seit dem Unfall vergangen: der Unfall ist erst ______ passiert.

6 Sie ist eine erfahrene Schauspielerin. Ich glaube, sie ist für diese Rolle sehr gut ______ .

7 Das ist nicht wirklich passiert, es ist eine ______ Geschichte.

8 Schon als Kind hat er schöne Zeichnungen gemacht, er ist eben ______ begabt.

21 Ausdrücke

Ersetze den unterstrichenen Ausdruck durch einen Ausdruck aus der Wortliste und formuliere den Satz neu.

1 Es passiert jeden Tag dasselbe. ____________________

2 Julia spielte zusammen mit Daniel in „Die fetten Jahre sind vorbei."

____

3 Ich möchte dieses Problem loswerden. ____________________

4 Beim Casting gehört er auch zu den Jugendlichen, die man für die Rolle in Betracht zog.

____

5 Es ist schrecklich, dass Soldaten gewalttätig sein müssen.

____

Lernerfolgskontrolle

Das habe ich in Lektion 4 gelernt:		Wo?	Ich kann es jetzt.*			
			1	2	3	4
Lesen	in Texten wichtige Einzelinformationen verstehen		■	■	■	■
Hören	die wichtigsten Aussagen in Hörtexten verstehen		■	■	■	■
Schreiben	Schreibtraining: einen Leserbrief schreiben und sich dabei häufige Grammatikfehler bewusst machen		■	■	■	■
	Notizen zu einem Text machen		■	■	■	■
	Dialoge zu einem Drehbuch schreiben		■	■	■	■
Sprechen	über Film, Fernsehen und Schauspieler sprechen, dabei persönliche Meinung äußern, mit Argumenten stützen		■	■	■	■
	sich an Gesprächen beteiligen		■	■	■	■
	Personen beschreiben		■	■	■	■
Internet	–		■	■	■	■
Aussprache	auf eine richtige Aussprache achten		■	■	■	■
Grammatik	temporale Angaben		■	■	■	■
	Partizip I und II: verschiedene Verwendungen		■	■	■	■
	Negation		■	■	■	■
Wortschatz	Wortschatz zum Thema „gefilmte und reale Welt"		■	■	■	■

* Notiere, was auf dich zutrifft.

1 = SEHR GUT (fast keine Fehler)
2 = GUT (wenige Fehler)
3 = ZIEMLICH GUT (mehrere Fehler)

1 Was hat die Klimaerwärmung mit den Eisbären zu tun?

KB → nach A1c

Ergänze passende Ausdrücke aus dem Kasten in Form von *wenn*-Sätzen.

Wenn Industrie, Heizung und Autoverkehr überall auf der Welt Energie verbrennen und CO_2 produzieren, erwärmt sich das Klima weltweit (1). Wenn das Klima immer wärmer wird, ______ (2) und ______ (3). Eisbären ernähren sich von Robben, die sie auf dem Eis jagen. ______ (4), müssen sie von einer Scholle zur anderen schwimmen, was sie höchst ungern tun. ______ (5), wird es zwischen 2070 und 2090 am Nordpol kaum mehr Eis geben. ______ (6), können die Eisbären keine Robben mehr jagen. Wenn sie nicht mehr jagen können, ______ (7). Wenn die Eisbären keine Nahrung mehr finden, ______ (8).

~~Das Klima erwärmt sich weltweit.~~ (1) Die großen Eisflächen zerfallen in kleinere Eisschollen.
Es gibt keine Flächen mit festem Eis mehr. Die Eisbären werden aussterben.
Auch das Eis an den Polen schmilzt. Die Erderwärmung geht in diesem Tempo weiter.
Die Eisbären wollen jetzt Robben jagen. Die Eisbären haben nichts mehr zu fressen.

2 Wann bekommst du Herzklopfen?

KB → nach A1c/Fortsetzung

a **Schüler und Schülerinnen einer 9. Klasse antworten auf diese Frage. Ergänze den Satz wie im Beispiel.**

1 Ich werde nervös, wenn das Flugzeug abhebt. Ich bin schon oft geflogen, aber dieses Gefühl ist immer gleich. *Evelin, 16*

Ich bekomme Herzklopfen, wenn ich mit dem Flugzeug fliege.

2 Ich bekomme schon seit einem Jahr Nachhilfe in Mathe, nicht weil ich so schlecht in Mathe wäre, sondern weil ich vor Schreck alles vergesse, wenn ich an der Tafel stehe. *Christof, 15*

______

3 Neulich in der Klasse konnte ich mich nicht konzentrieren, weil ich ständig an den Jungen denken musste, in den ich verliebt bin. Dann schlägt mein Herz ganz schnell und mir wird ganz heiß. Das passiert mir in letzter Zeit öfter. *Sina, 15*

______

4 Vor Klassenarbeiten spüre ich das Adrenalin in mir. Dann strenge ich mich mehr an. *Uwe, 16*

5 Ich bin Fußballfan und sehe alle Spiele der Bundesliga und alle Länderspiele. Als Deutschland gegen Portugal gewonnen hat, war ich ganz außer mir, so habe ich mich gefreut! *Steffen, 16*

6 Manchmal, wenn ich abends im Bett liege und nicht einschlafen kann, denke ich daran, dass meinen Eltern in der Zukunft vielleicht was passieren könnte und dass sie sterben. Dann schlägt mein Herz wie verrückt. *Angela, 15*

b Wann bekommst du Herzklopfen?
Schreibt Aussagen wie in a auf einen Zettel und hängt die Zettel als Wandzeitung aus.

3 Was machst du, wenn ...?

KB → nach A1c/Fortsetzung

1 Du hast dein Handy verloren.

Wenn ich mein Handy verloren habe, (dann) frage ich zuerst alle meine Freunde und Bekannten, ob sie es gefunden haben.

2 Du möchtest ins Kino gehen.

3 Du brauchst Geld für eine Ferienreise.

4 Du begegnest auf der Straße zufällig einem alten Freund.

5 Es ist spät am Abend, du hast Hunger, hast aber nichts zu essen im Haus.

6 Du hast dich mit deinem besten Freund/deiner besten Freundin gestritten.

7 Du merkst am Morgen vor dem Unterricht, dass du deine Matheaufgaben nicht gemacht hast.

8 Du hast vergessen, in der Straßenbahn einen Fahrschein zu lösen. Da kommt ein Kontrolleur und will deinen Fahrschein sehen.

4

KB → nach A1c/Fortsetzung

Während der Sommerferien wohnt eine Freundin in deiner Wohnung und passt auf deine Haustiere auf. Du hast ihr aufgeschrieben, was sie alles tun soll.

Schreib Sätze wie im Beispiel.

1 Bei Stromausfall: Technische Werke anrufen

Wenn/Falls der Strom ausfällt, ruf die Technischen Werke an.

Fällt der Strom aus, ... / Sollte der Strom ausfallen, ...

2 Bei großer Hitze: alle Rollläden schließen; die Blumen im Vorgarten mindestens alle zwei Tage gießen

3 kein Katzenfutter mehr da: in der Tierhandlung an der Ecke neues kaufen

4 Zeitung kommt nicht regelmäßig: den Zeitungsausträger anrufen (Telefon-Nr. 5 28 67 50)

5 Bei Regen: unbedingt das Dachfenster zumachen

6 Kühlschrank ist vereist: den Kühlschrank abtauen (vorher Stecker aus der Steckdose ziehen)

7 Beim Musikhören, Fernsehen: auf Nachbarn Rücksicht nehmen! (Sie sind sehr lärmempfindlich!)

8 nicht fernsehen: Fernsehgerät ausschalten, nicht im Standby lassen

9 Vielleicht geht mal die Tür zu und du hast keinen Schlüssel in der Tasche:
zu Familie Müller (Nachbarn auf der linken Seite) gehen und Ersatzschlüssel holen

10 Bei Problemen mit Nachbarn: MICH anrufen!

5 *KB → nach A1c/Fortsetzung*

In welchen Fällen entsteht CO_2?

Forme den unterstrichenen Ausdruck jeweils in die andere Variante um (nominal oder verbal).

1 Bei der Verbrennung von Erdöl entstehen ca. 40 Prozent der Treibhausgase, die unsere Erde immer weiter erwärmen.

Wenn wir Erdöl verbrennen, entstehen ca. 40 Prozent der Treibhausgase.

2 Wenn Erdgas genutzt wird, wird die Umwelt nicht so stark belastet.

____

____

3 Bei der Haltung von Rindern wird Methangas produziert.

____

____

4 Wenn die Permafrostböden schmelzen, können große Mengen von Methangas freigesetzt werden.

____

____

5 Wenn Fleisch produziert wird, werden Klimagase in großer Menge freigesetzt.

____

____

6 Bei einem Flug in ein 2500 Kilometer entferntes Urlaubsziel (Hin- und Rückflug) setzt ein Passagier Treibhausgase mit der Wirkung von 1,3 Tonnen CO_2 frei.

____

____

7 Bei Anhalten der Erderwärmung wird die globale Temperatur bis zum Ende des Jahrhunderts stärker ansteigen als in den letzten zwei Millionen Jahren.

____

____

6 Was wir für die Umwelt tun könnten, wenn wir wollten ...

KB → nach A1d

Forme die Sätze um wie im Beispiel.

1 Leider schalten wir den Computer meist nicht aus, wenn wir ihn nicht mehr brauchen, sondern lassen ihn auf Standby weiterlaufen. Hier könnten wir Geld und Energie sparen.

Wenn wir den Computer ausschalten würden, könnten wir Geld und Energie sparen.

2 Wenn in Kühl- und Gefrierschränken eine Eisschicht entstanden ist, verbrauchen diese Geräte viel mehr Strom. Sie sollten öfter mal abgetaut werden!

3 Durch die Installation von Solarkollektoren brauchen wir keinen Strom mehr, um das Wasch- und Duschwasser zu erhitzen.

4 Wäsche in der Waschmaschine bei niedrigen Temperaturen zu waschen, reduziert den Stromverbrauch um bis zu 80 Prozent.

5 Wäschetrockner sind Stromfresser und sollten aus dem Haushalt verschwinden. Wäsche sollte zum Trocknen aufgehängt werden! Damit kann man in einem 4-Personen-Haushalt jährlich ca. 300 Kilogramm CO_2 vermeiden!

6 Die Außenwände eines Hauses sollten gut isoliert sein. Damit kann man Heizkosten um 50 bis 80 Prozent reduzieren.

7 Durch die Installation von Solarzellen auf dem Dach produziert man nicht nur Strom für den eigenen Haushalt. Man kann sogar Strom verkaufen.

8 Öffentliche Verkehrsmittel sind viel umweltfreundlicher als PKW. Die Luft in der Stadt wird weniger belastet.

9 Radfahren braucht kein Benzin und hält fit!

____

____

7 Was wird die kommende Generation in 50 Jahren sagen, falls wir es nicht schaffen, das Umweltproblem in den Griff zu bekommen?

KB → nach A1d/Fortsetzung

Schreib die Sätze aus Übung 6 im Konjunktiv II Vergangenheit.

Wenn jeder seinen Computer ausgeschaltet hätte, hättet ihr Geld und Energie gespart. / Ihr hättet den Computer ausschalten sollen. Dann hättet ihr Geld und Energie gespart.

Konj. II Vergangenheit
haben/sein im Konj. II + Partizip II
→ *hätte ausgeschaltet*
→ *wäre gegangen*

Konj. II Vergangenheit mit Modalverb
haben/sein im Konj. II + Verb im Infinitiv + Modalverb im Infinitiv
→ *hätte ausschalten sollen*
→ *hätte gehen müssen*

8
KB → nach B3

Mündlicher Ausdruck: Foto auswählen

Wählt für einen Beitrag in einer Zeitschrift zum Thema „Umwelt" eines der vier Fotos von S. 65 im Kursbuch aus.
Beachtet die Hinweise unten und benutzt die angegebenen Redemittel.

Mach einen Vorschlag und begründe ihn.
Ich würde … nehmen, weil …
Ich schlage vor, wir nehmen dieses Foto, weil …
Dieses Foto wäre am besten/besser geeignet, denn …
Warum denn nicht dieses Foto?/Wie wär's denn mit diesem Foto? Ich finde, …

Widersprich deinem Gesprächspartner/deiner Gesprächspartnerin.
Ich finde, das passt (gar/überhaupt) nicht.
Da bin ich aber (ganz) anderer Meinung.
Damit bin ich nicht einverstanden.
Auf keinen Fall!/Ausgeschlossen!

Du bestehst auf deiner Meinung.
Das überzeugt mich nicht.
Das stimmt nicht.
Das kann schon sein, aber …
Trotzdem ist/wäre …

Du wendest etwas ein.
Ja schon, aber … / Zwar …, aber …
Ja, aber … ist doch (wirklich/auch) …
Findest du wirklich, (dass) …
Ich finde … besser/Ich würde lieber … nehmen, weil …
Ich meine, … wäre besser, weil …

Du gibst nach.
Ja, eigentlich schon.
Das stimmt (natürlich) schon.
Daran habe ich gar nicht gedacht!
Da hast du (eigentlich/natürlich) recht.

Ihr solltet am Ende zu einer Entscheidung kommen.
Also gut, / In Ordnung, dann nehmen wir dieses Foto.
Gut. Das ist die beste Lösung.
Ich sehe das genauso wie du.
Ich bin derselben Meinung wie du.
Ich bin auch dafür.
Gut, ich bin einverstanden.
Damit habe ich kein Problem.
Meinetwegen./Ja, das geht.

Du bittest ums Wort.
Dürfte ich auch etwas dazu sagen.
Moment bitte! Dazu möchte ich auch (gern) etwas sagen.
Dazu fällt mir auch etwas ein!

Du möchtest unterbrechen.
Entschuldigung, wenn ich unterbreche, aber ich meine/finde …
Ich möchte dich bitte etwas fragen.

Zeig, dass du weitersprechen möchtest.
Moment noch!
Ich möchte noch etwas sagen!
Du darfst gleich etwas sagen, aber darf ich den Satz noch beenden?

Du möchtest jemandem das Wort überlassen.
Du wolltest doch gerade etwas sagen!
Sag, was du darüber denkst!
Sprich ruhig weiter!
Nein, sag du zuerst!

Du möchtest um Explizierung/Kommentierung bitten.
Könntest du das etwas genauer sagen?
Das habe ich nicht ganz verstanden. Was meinst du damit?
Was willst du damit sagen?

Du möchtest eine Äußerung einleiten oder abschließen.
Ich würde sagen …
Die Sache ist die: …
Findest du nicht auch?
… was weiß ich.
Oder nicht?

Du suchst nach Worten.
Mir fällt jetzt das Wort nicht ein.
Ich meine damit …
Wie nennt man das, wenn …?

9 Was ist das?

KB → nach GR3

a Bilde Adjektive mit *-bar*. Bei Negationen benutze die Vorsilbe *-un*.

1 Ein Planet, der bewohnt werden kann, ist *ein bewohnbarer Planet.*
2 Energien, die erneuert werden können, sind ____________.
3 Probleme, die man nicht lösen kann, sind ____________.
4 Ausgaben, die man vertreten kann, sind ____________.
5 Ein Fernsehgerät, das man tragen kann, ____________.
6 Stoffe, die gewaschen werden können, sind ____________.
7 Ein Zimmer, das abgeschlossen werden kann, ist ____________.
8 Wasser, das getrunken werden kann, ist ____________.
9 Ratschläge, die man nicht bezahlen kann, sind ____________.

b **Bilde Adjektive mit *-lich*. Bei Negationen benutze die Vorsilbe *un-*.**

1 eine Gebrauchsanweisung, die leicht zu verstehen ist, ist eine
leicht verständliche Gebrauchsanweisung.

2 Geschirr, das man leicht zerbrechen kann, ist ______________________ .

3 Warenproben, die man nicht verkaufen kann, sind ______________________ .

4 Nahrungsmittel, die man nicht verträgt, sind ______________________ .

5 Stoffe, die dem Organismus schaden, sind ______________________ .

6 Produkte, die man überall erhalten kann, sind überall ______________________ .

10 Bring deine Meinung über das Umweltverhalten der Menschen zum Ausdruck. Ergänze dazu die Sätze sinngemäß.

KB → nach GR3/Fortsetzung

1 Es ist nicht zu akzeptieren, dass ______________________ .

2 Ich finde es (aber/nicht) vertretbar, dass ______________________ .

3 Es ist auf keinen Fall zu entschuldigen, dass/wenn ______________________ .

4 Manchmal lässt es sich nicht vermeiden, dass ______________________ .

5 Es lässt sich aber auf weite Sicht nichts erreichen, wenn ______________________ .

11 Besuch in einer Bibliothek

KB → nach GR3/Fortsetzung

ist/sind zu kann die Bedeutung von ***können*** oder ***müssen*** haben.

Deine Schrift ist nicht zu lesen. = Man ***kann*** *deine Schrift nicht lesen.*
Abends ist die Haustür abzuschließen. = Abends ***müssen*** *die Mieter die Haustür abschließen.*

a **Kreuze an, ob *ist/sind zu* hier *können* oder *müssen* bedeutet.**

	können	*müssen*
1 Die Bibliothek ist von jedermann zu benutzen.	☐	☐
2 Nicht alle Bücher und Zeitschriften sind auszuleihen.	☐	☐
3 Die Bibliothek ist nur an Werktagen zu benutzen.	☐	☐
4 Nach spätestens zwei Wochen sind die ausgeliehenen Medien zurückzugeben.	☐	☐
5 Andernfalls ist die Leihfrist zu verlängern.	☐	☐
6 Falls man Bücher oder andere Medien beschädigt, ist Ersatz zu leisten.	☐	☐
7 Das Fotokopiergerät in der Bibliothek ist für den persönlichen Gebrauch zu benutzen.	☐	☐
8 Die Fotokopien sind sofort zu bezahlen.	☐	☐
9 Eine Lesekarte ist auf Wunsch auszustellen.	☐	☐
10 Dafür ist ein Pass oder Personalausweis vorzulegen.	☐	☐

b Forme die Sätze aus a) mit *können* oder *müssen* um.

1 Die Bibliothek ______________________________.

2 Nicht alle Bücher und Zeitschriften ______________________________.

3 Die Bibliothek ______________________________.

4 Nach spätestens zwei Wochen ______________________________.

5 Andernfalls ______________________________.

6 Falls man Bücher oder andere Medien beschädigt, ______________________________.

7 Das Fotokopiergerät ______________________________.

8 Die Fotokopien ______________________________.

9 Eine Lesekarte ______________________________.

10 Dafür ______________________________.

12 Schreibtraining – häufige Grammatikfehler: Endungen

KB → nach GR3/Fortsetzung

Im folgenden Leserbrief sind insgesamt 15 Endungsfehler (Artikel, Adjektive, Nomen).

a Unterstreiche das falsche Wort und schreibe den Ausdruck richtig daneben.

An die Zeitung „Jedermann"
Höhere Preise für Bio-Lebensmittel

Sehr geehrte Damen und Herren,

mit großem Interesse habe ich Ihren Artikel gelesen. Sie ______________
haben sehr überzeugend beschrieben, wie wichtig es ist, ______________
dass wir uns gesund ernähren, also Lebensmitteln ohne ______________
chemische Düngemittel kaufen, Produkte aus der Region, ______________
damit die wertvolle Vitaminen nicht durch lange Transport- ______________
zeiten verloren gehen und außerdem Energie gespart wird. ______________
Das bedeutet aber, dass man in Spezialgeschäfte bzw. in den ______________
Bio-Abteilungen den Supermärkte einkaufen muss. Was in ______________
Ihrem Artikel nur ganz am Rande erwähnt wurde, ist die ______________
finanzielle Seite. Ich möchte an eines Beispiel zeigen, wie ______________
unerschwinglich diese „naturreinen" Produkte für mich sind. ______________

In der Bioabteilung gibt es die heimischen Gurken, die nicht oder nur wenig gedüngt sind. Die „Substrat-Gurken" aus dem Discounter kosten zurzeit zwischen 35 und 45 Cent. Für gleich große Bio-Gurken muss ich fast zwei Euro bezahlen! Da ich Hartz-IV-Empfängerin bin, sind meine finanzielle Möglichkeiten sehr eingeschränkte und zwei Euro für eine Gurke wäre etwa so, wie wenn ich für 500 Euro einen Porsche mieten würde, um am Wochenende zu Wandern ins Allgäu zu fahren. Ich nehme die Bahn und bezahle für das verbilligtes Wochenendticket knapp 20 Euro.
Ehrlich gesagt, empfinde ich es als sehr provozierend, wenn Sie schreiben, dass uns unseren Gesundheit einfach „etwas höher Preise" wert sein sollte! Bedeutet das, dass wir Ärmeren uns mit den schlechten Lebensmitteln begnügen müssen und nur die Reiche es sich leisten können, gesund zu essen? Das wäre allerdings sehr zynisch!
Warum sorgt der Staat nicht dafür, dass allgemein weniger chemische Mittel in der Landwirtschaft verwendet werden dürfen? Warum müssen z. B. Äpfeln kurz vor der Ernte noch einmal stark gespritzt werden? Es wäre nicht schlimm, auch mal ein Apfel mit Wurm zu kaufen. Das war früher auch so und es hat niemandem geschadet!

Mit freundlichen Grüßen
Susanne S.

b **Schreib den Brief noch einmal richtig ab.**

13 *KB → nach C*

Textrekonstruktion

Einige Wörter sind nicht zu lesen.
Rekonstruiere den Text, indem du jeweils das fehlende Wort an den Rand schreibst.

Lies zuerst den Text. Überleg dir dann, was für ein Wort in die Lücke passen könnte (Artikel, Adjektiv, Nomen, Präposition, Verb oder Konjunktion).

Das Freiwillige Ökologische Jahr

Das Freiwillige Ökologische Jahr ist ein Bildungs- und [redacted] für Jugendliche im Alter von 16 bis 27 Jahre. Das gibt es in allen Bundesländern. Junge Leute arbeiten ein Jahr lang in allen Bereichen [redacted] Naturschutzes, der Umweltbildung und sogar in der Umweltforschung. Sie übernehmen praktische Tätigkeiten in der Natur und nehmen [redacted] dazu an Seminaren teil. Das FÖJ ist beliebt bei jungen Leuten: Von etwa 450 Personen, die sich jährlich bewerben, werden nur 100 [redacted] .

Eine der glücklichen Einhundert ist Ilse. Sie kommt aus einem Dorf, das nur 20 Kilometer vom Moor entfernt liegt. Nach dem Abitur war [redacted] unschlüssig, wofür sie sich entscheiden sollte: Ein Studium oder eine Lehre. Ilse wohnt in einem möblierten Zimmer bei einer Familie. [redacted] fühlt sie sich sehr wohl, weil es ihrem Wunsch selbstständig und unabhängig zu werden. Ilse arbeitet in [redacted] Naturschutzgebiet, das im Moor liegt. Durch Bewässerung und durch Züchtung und Aufzucht von Wildvögeln soll dieses [redacted] wieder Moorlandschaft werden, wie es früher war. Vormittags kümmert sie sich um die Vögel, die Birkhühner. Das sind seltene Vögel, die [redacted] Aussterben bedroht sind.

Obwohl es manchmal ziemlich einsam im Moor ist, ist Ilse [redacted] der Natur fasziniert. Sie findet, dass dieses Jahr eine sehr nützliche Erfahrung für sie ist. Sie hat ein anderes Verhältnis zur Natur gewonnen, so etwas [redacted] Respekt. Und sie weiß jetzt auch, was sie beruflich machen möchte, nämlich Biologie studieren.

Orientierungsjahr

14 Phonetik

KB → nach D

a **Lies die Sätze und untersuche, welche Sprechabsichten hier realisiert werden. Lies die Sätze laut vor und achte auf die Aussprache und Betonung.**

- ● Ich würde das erste Foto nehmen. Darauf ist zu sehen, was passieren kann, wenn das Wasser immer knapper wird. Ohne Wasser gibt es kein Leben, deshalb finde ich dieses Thema außerordentlich wichtig, wichtiger als andere Umweltthemen.
- ■ Du hast zwar recht, dass Wasser ein wichtiges Thema ist, aber ich finde, dieses Foto sollte die Menschen auch emotional ansprechen. Deshalb schlage ich das Foto mit dem Eisbären vor. Besonders Kinder lieben doch Tiere und …
- ● Entschuldigung, wenn ich unterbreche, aber dieser Artikel ist nicht speziell für Kinder gedacht!
- ■ … Moment noch, ich möchte noch etwas sagen: Was für Kinder gilt, kann man in diesem Fall auch auf Erwachsene übertragen! Wichtig ist hier die emotionale Seite.
- ● Das verstehe ich nicht ganz. Was möchtest du damit sagen?
- ■ Wir wissen doch von uns selbst, dass wir eher zu überzeugen sind, wenn unsere Gefühle angesprochen werden. Dann fühlen wir uns persönlich angesprochen. Findest du nicht auch?
- ● Das stimmt natürlich schon. Also gut, dann nehmen wir das Foto mit dem Eisbären.

29 **Hör den Dialog und kontrolliere deine Aussprache**

b **Sprecht und spielt den Dialog zu zweit.**

LERNWORTSCHATZ

Verben

etw. aushalten (hielt, gehalten)
etw. auskundschaften
sich begnügen mit (Dat)
etw. behandeln
etw. beitragen zu (Dat) (trug bei, beigetragen)
etw. beschleunigen
sich beteiligen an (Dat)
betragen (betrug, betragen)
etw./jdn. betreffen (betraf, betroffen)
etw. buchen
etw. einführen
etw. entziehen (entzog, entzogen)
etw. erhitzen
etw. erreichen
etw. erwärmen
etw. erwerben (erwarb, erworben)
etw. gründen
etw. installieren
etw. isolieren
jagen
kämpfen für (Akk)
sich lohnen
profitieren von (Dat)
etw. recyceln
jdm. schaden
schmelzen (schmolz, ist geschmolzen)
etw. spüren
tauen
etw. überfluten
etw. übersteigen (überstieg, überstiegen)
etw. übertragen (übertrug, übertragen)
etw. umgestalten
sich verdoppeln
verfügen über (Akk)
etw. vermeiden (vermied, vermieden)
jdm. etw. vermitteln
jdm. etw. versprechen (versprach, versprochen)
etw./jdn. versorgen mit (Dat)
etw. vertragen (vertrug, vertragen)
etw. verursachen
verzichten auf (Akk)
sich weiterbilden
zunehmen (nahm zu, zugenommen)
zurückgehen (ging zurück, ist zurückgegangen)
zusammenbrechen (brach zusammen, ist zusammengebrochen)

Nomen

die Angabe, -n
die Anpassungsfähigkeit
die Anregung, -en
der Anstieg
die Art, -en
der Aufwand
die Ausbreitung
die Außenluft
die Auswirkung, -en
das Bauernhaus, -häuser
die Belüftung, -en
der Bereich, -e
die Berufsvorstellung, -en
der Bewerber, -
die Billigware, -n
der Blitz, -e
der Boykott, -e oder -s
das Dach, Dächer
das Düngemittel, -
der Durchfall
die Dürre, -n
der Eimer, -
der Eisbär, -en
der Energiefresser, -
die Energiequelle, -n
die Energiesparlampe, -n
der Energieverlust, -e
die Erfindung, -en
die Ernte, -n
der Fachmann, -leute
die Fläche, -n
die Folge, -n
das Forschungsprojekt, -e
die Fortbildung, -en
das Gebiet, -e
der Gehalt
der Heizkessel, -
der Heizkörper, -
das Herzklopfen
die Kenntnis, -e
der Klimawandel
die Küste, -n
die Landwirtschaft
der Lebensraum, -räume
das Massenaussterben
der Meeresspiegel
der Mittelmeerraum
das Moor, -e
der Müll
die Nachhilfe
das Nahrungsmittel, -
das Naturschutzgebiet, -e
das Ökosystem, -e
die Ozonschicht
Ressourcen (Pl)
der Schädling, -e
das Seminar, -e
die Solaranlage, -n
der Sondermüll
der Sonnenkollektor, -en
der Stromfresser, -
der Sturm, Stürme
die Temperaturerhöhung, -en
das Tempolimit, -s
die Tierhaltung
die Trockenheit
das Treibhausgas, -e
die Überschwemmung, -en
der Umgang
die Umweltforschung
die Umweltsünde, -n
die Unterernährung
der Wasserkreislauf
der Weltuntergang
der Wert, -e
das Wetterextrem, -e
der Wurm, Würmer
die Zentralheizung, -en
die Züchtung, -en

Adjektive und Adverbien

abenteuerlich
abgelegt
bedroht von (Dat)
deprimierend
desinteressiert
eklig
fasziniert von (Dat)
freiwillig
geeignet
haltbar
hitzebedingt
hochwertig
naturnah
naturverbunden
sparsam
tiefgreifend
üblich
umweltfreundlich
unerschwinglich
unerträglich
vertretbar
zugänglich

Ausdrücke

den Kühlschrank abtauen
sich ein Beispiel nehmen an (Dat)
in Betrieb sein
zur Folge haben
unter der Leitung von (Dat)/oder + Gen.
es kostet (viel) Mühe
Müll trennen
im Rahmen von (Dat)/oder + Gen.
auf der Suche nach (Dat)
etw. zur Verfügung haben
etwas/viel/nichts verstehen von (Dat)
jemandem zuliebe

15 Verben

a Setze die Verben aus dem Kasten in der richtigen Form in die Sätze ein. (Drei bleiben übrig.)

ausbreiten ■ beschleunigen ■ betragen ■ betreffen ■ erwärmen ■ ~~schmelzen~~ ■ spüren ■ überfluten ■ übersteigen ■ übertragen ■ verdoppeln ■ verfügen ■ verursachen ■ zunehmen ■ zurückgehen ■ zusammenbrechen

1 Wenn das gesamte Eis von Grönland *schmilzt*, ______________ der Anstieg des Meeresspiegels 7 Meter.

2 Dann wird das Meer niedrig liegende Küstengebiete ________________ .

3 Im Lauf der Zeit werden wir die Folgen des Klimawandels immer stärker ______________ .

4 Wenn sich der CO_2-Gehalt der Luft ______________ , ______________ das Ökosystem des Regenwalds am Amazonas ______________ .

5 Ein Zusammenbruch des Regenwalds ______________ den Klimawandel.

6 Überschwemmungen und Dürren ______________ ______________ .

7 Dadurch ______________ die Ernten ______________ .

8 Die Produktion von weniger Nahrungsmitteln ______________ mehr Hunger in der Welt.

9 Wenn sich die Erde weiter ______________ , ______________ sich Schädlinge ______________ , die Krankheiten ______________ .

b Ergänze 2–3 Ausdrücke, die deiner Meinung nach passen.

1 für den Umweltschutz **verzichten** auf: *Flugreisen, große Autos, Fleisch*

2 kämpfen für: ______________

3 recyceln: ______________

4 schonen: ______________

5 sich beteiligen an: ______________

6 profitieren von: ______________

7 buchen: ______________

8 sich versorgen mit: ______________

9 einführen: ______________

c Wähl fünf der Verben bei b aus und schreib einen kleinen Text damit.

d **Ergänze die Nomen oder Verben mithilfe der Wortliste in der richtigen Form.**

Nomen	Verb
die Ursache	verursachen
der Kampf	______
der Beitrag	______
______	sich auswirken
______	anregen
______	angeben
______	ansteigen
der Rückgang	______
der Verzicht	______
der Zusammenbruch	______
______	boykottieren
______	ernten
die Zunahme	______

e **Ergänze die Sätze mit Verben oder Nomen aus d.**

1 Die Treibhausgase, die Industrie, Landwirtschaft und Autoverkehr produzieren, ______ den Klimawandel.

2 Der Ökoführerschein gibt wertvolle ______ , was jeder für den Umweltschutz tun kann.

3 Manchmal ist der ______ von Produkten die wirkungsvollste Art, gegen umweltbelastende Produktionsverfahren zu protestieren.

4 Jeder kann einen ______ zum Umweltschutz leisten.

5 In den vergangenen zwei Jahrzehnten hat das Umweltbewusstsein bei der Bevölkerung sehr stark ______ .

6 Nur durch neue, umweltfreundliche Technologien bei der Autoproduktion kann man einen ______ der Luftverschmutzung erreichen.

7 Können wir den ______ überhaupt noch verhindern, oder ist es schon zu spät?

16 Nomen

a Erkläre die folgenden Nomen mit deinen eigenen Worten.

1 Ressourcen: ______________________

2 Wasserkreislauf: ______________________

3 Moor: ______________________

4 Energiefresser: ______________________

5 Tempolimit: ______________________

b Ordne den folgenden Begriffen passende Wörter aus der Wortliste zu.

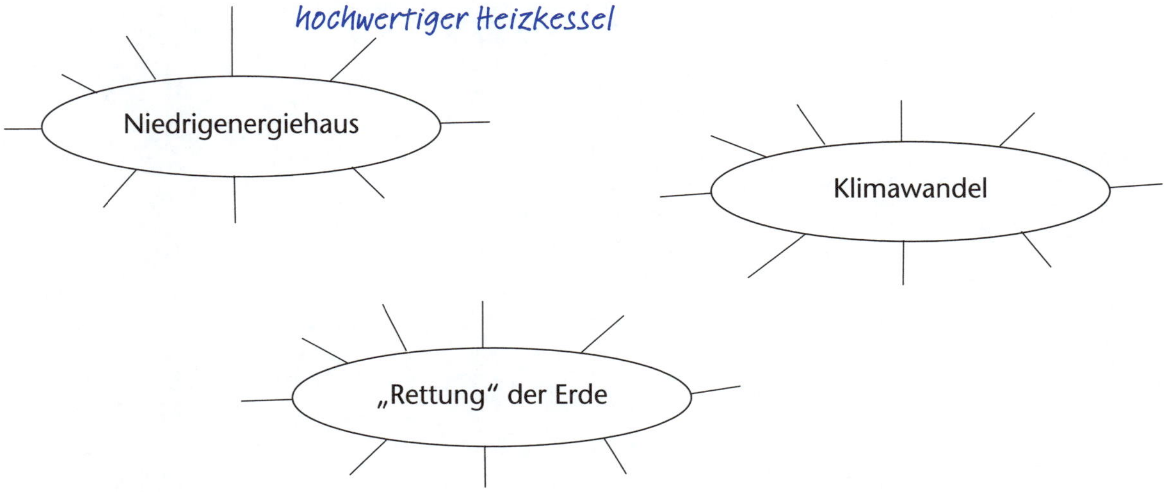

c Folgen des Klimawandels. Beschreibe die sechs Begriffe in einem kurzen Satz.

1 Wetterextreme: *Bei Wetterextremen werden die Sommer immer heißer, es kann Unwetter geben.*

2 Klimawandel: ______________________

3 Nahrungsmittel: ______________________

4 Gesundheit: ______________________

5 Schädlinge: ______________________

6 Arten: ______________________

d **Finde die passenden Nomen. Das Lösungswort nennt ein zentrales Thema dieser Lektion. (ü=ü)**

a das Gebiet am Meer
b Produkte von einfacher Qualität, mit wenig Geld hergestellt
c Leuchten am Himmel bei Gewitter
d besonders starker Wind
e Magen-Darm-Problem, bei dem man ständig auf die Toilette geht
f eine schlechte Tat im Hinblick auf die Natur
g Gebiet, wo ein Lebewesen zu Hause ist
h Zeit im Herbst, wenn man die reifen Früchte, Getreide usw. einsammelt
i besonders belastende Abfälle, die getrennt entsorgt werden müssen
j wo Energie herkommt
k was man wegwirft

a KÜSTE
b
c
d
e
f
g
h
i
j
k

17 Adjektive

a **Was passt zusammen? Ordne jeweils Adjektiv und Nomen einander zu. (Es gibt verschiedene Lösungen.)**

vertretbare Preise

abenteuerlich
bedroht
deprimierend
freiwillig
haltbar
hitzebedingt
naturverbunden
sparsam
tiefgreifend
umweltfreundlich
~~vertretbar~~

Änderungen, Todesfälle, Tätigkeiten, Tierarten, Erlebnisse, Erfahrungen, Reise, Tiere, ~~Preise~~, Kleider, Verhalten, Menschen, Helfer, Energieverbrauch

b Formuliere je einen Satz mit deinen Wortkombinationen.

Beim Biohaus zahlt man vertretbare Preise für die Energie.

18 Ausdrücke

Ersetze den unterstrichenen Ausdruck durch einen Ausdruck aus der Wortliste.

1 Du solltest so handeln wie dein Bruder.

Du solltest dir an deinem Bruder ein Beispiel nehmen.

2 Die Energie-Agenten <u>wissen Bescheid</u>, wie man Energie sparen kann.

____

3 <u>Es war gar nicht leicht</u>, die Solaranlage zu installieren.

____

4 Damit wir den Müll recyceln können, müssen wir <u>die verschiedenen Wertstoffe gesondert sammeln</u>.

____

5 <u>Eine Folge</u> des Klimawandels ist, dass der Wasserkreislauf intensiviert wird.

____

6 Ilse <u>sucht</u> einen Job, bei dem sie etwas für die Umwelt tun kann.

____

7 <u>Zum Seminar gehört auch, dass</u> die Teilnehmer selbst Experimente machen.

____

Lernerfolgskontrolle

Das habe ich in Lektion 5 gelernt:		Wo?	Ich kann es jetzt.*			
			1	2	3	4
Lesen	in Texten wichtige Einzelinformationen verstehen		■	■	■	■
	die Einstellung/Meinung anderer erkennen und mit eigenen Worten wiedergeben		■	■	■	■
Hören	komplexe Informationen in Hörtexten verstehen		■	■	■	■
Schreiben	Notizen zu einem Thema machen (Projekt)		■	■	■	■
	Notizen zu einem Text machen		■	■	■	■
	selbst einen Leserbrief schreiben		■	■	■	■
	in fehlerhaftem Text falsche Wörter identifizieren (s. Schreibtraining)		■	■	■	■
Sprechen	über Umwelt sprechen; dabei persönliche Meinung äußern, mit Argumenten stützen		■	■	■	■
	sich an Gesprächen beteiligen		■	■	■	■
	Ratschläge geben		■	■	■	■
	kurzen Text mit eigenen Worten wiedergeben		■	■	■	■
Internet	im Internet gezielt Informationen zum Thema finden		■	■	■	■
Aussprache	Texte richtig aussprechen		■	■	■	■
Grammatik	konditionale Angaben		■	■	■	■
	hypothetische Bedingungen (Konjunktiv II)		■	■	■	■
	Passiversatz		■	■	■	■
Wortschatz	Wortschatz zum Thema „Umwelt"		■	■	■	■

* Notiere, was auf dich zutrifft.

1 = SEHR GUT (fast keine Fehler)
2 = GUT (wenige Fehler)
3 = ZIEMLICH GUT (mehrere Fehler)
4 = NOCH NICHT SO GUT (viele Fehler)

1 Modalpartikeln

KB → nach GR1

Welche Sprechabsicht wird durch die Modalpartikeln zum Ausdruck gebracht? Trage die passenden Modalpartikeln ein wie im Beispiel.
(Außer den Verwendungsweisen im Kursbuch stehen hier noch einige mehr.)

1 Dann behalte die CD eben.
2 Ist sie eigentlich verheiratet?
3 Das ist ja Christiane Klimt!
4 Wenn du so blöd bist, gehe ich eben allein ins Kino.
5 Du wirst es schon schaffen!
6 Warum glaubst du eigentlich, dass du alles darfst?
7 Ich kann übrigens nicht lange bleiben.
8 Wo ist denn mein Handy?
9 Das hättest du doch wissen müssen!
10 Wie löst man denn diese Aufgabe?
11 Das ist doch kein Problem!
12 Probier's doch mal!
13 Jetzt gib schon das Handy her!
14 Muss ich denn schon um 8 Uhr am Bahnhof sein?
15 Ich habe allerdings nicht genug Geld dabei.

a Einschränkung: *allerdings (15)*
b Beiläufigkeit: *übrigens (7)*
c Resignation/Ärger: ____________
d freundliche oder ungeduldige Aufforderung: ____________
e Beruhigung: ____________
f Ratlosigkeit: ____________
g Vorwurf: ____________
h interessierte Frage: ____________
i Überraschung: ____________

2
KB → nach GR1/Fortsetzung

Was Schüler in der Pause sagen

Ergänze die passenden Modalpartikeln. (Manchmal gibt es mehrere Lösungen.)

doch ■ ~~denn~~ ■ allerdings ■ eigentlich ■ ja ■ übrigens ■ eben ■ schon

1 Was ist *denn* mit dir los?

2 Der Mayer ist heute ________________ krank. Er hat Grippe.

3 Ich fand den Test nicht besonders schwer. Die letzte Übung habe ich ________________ auch nicht gemacht, die war kompliziert.

4 Kennst du ________________ den Bruder von Andi? Der soll ganz nett sein.

5 Ich hab's ________________ gewusst, dass ich eine Fünf kriege!

6 Wo ist ________________ deine Schultasche? Ich glaube, die solltest du mal suchen!

7 Nicht zu fassen, das dort ist Alexa. Die sieht ________ ganz anders aus!

8 Hast du ________________ die Hausaufgaben für Mathe gemacht? Ich hab die nicht richtig verstanden!

9 Hanne wird dir das Buch ________________ zurückgeben, keine Sorge!

10 Mein Vater hat ________________ erfahren, dass wir neulich die Schule geschwänzt haben. Bisher hat er sich nicht dazu geäußert!

11 Dann gib die Hausaufgaben ________________ ab, du Streber!

12 In Physik mache ich jetzt gar nichts mehr. Dann bleibe ich ________________ sitzen! Auch egal!

13 Der gibt dir ________________ sicher eine Zwei, bei deiner guten Mitarbeit!

3
KB → nach GR2

Ersetze die Personalpronomen durch *man*, *einen* oder *einem* und forme die Sätze um.

1 Natürlich weißt du nie, was dich in der Zukunft erwartet.

Natürlich weiß man nie, was einen in der Zukunft erwartet.

2 Es macht mich wahnsinnig, wenn mir der Bus vor der Nase wegfährt.

____

3 Wenn uns nichts Besseres einfällt, können wir auch mal einen Stadtbummel machen.

____

4 Was kann ich bloß tun, wenn mich meine Chemielehrerin nicht leiden kann?

____

5 Ich frage mich, was passiert, wenn mir in der Prüfung nichts mehr einfällt.

____

6 Wir können auch etwas anderes essen, wenn dir Fast Food nicht schmeckt.

____

7 Ich bin so frustriert, wenn mir die Ideen ausgehen!

____

4 Ein herrlicher Urlaub

KB → nach GR2/Fortsetzung

a Lies, was Nadja ihrer Freundin Corinna geschrieben hat.

Liebe Corinna,

wie Du weißt, habe ich meinen Urlaub dieses Jahr am Bodensee verbracht.
Wenn Dir Wandern und Bergsteigen gefallen, ist der Bodensee genau das Richtige für Dich. Auf der Blumeninsel Mainau kannst Du das ganze Jahr tropische Blumen und Pflanzen bewundern. Wenn es Dir nichts ausmacht, auch mal eine mehrstündige Wanderung zu machen, kannst Du auf der Schwäbischen Alb romantische Städte, Burgen und Schlösser besichtigen.
Wenn Dir ein Auto zur Verfügung steht, fährst Du von dort aus auch schnell in den Schwarzwald. Es dauert nur ein bis zwei Stunden, je nach Zielort. Der Schwarzwald ist für seine romantischen Täler, Schluchten, Mühlen und typischen Bauernhöfe bekannt.
Die manchmal wilde und gleichzeitig so friedliche Landschaft beruhigt mich wunderbar. Wenn Dir Skilaufen gefällt, findest Du im Schwarzwald Berge mit guten Abfahrten. Und wenn Du Hunger bekommst: Du kannst entweder Picknick in der freien Natur machen, oder in einem der guten Restaurants essen. In dem Schwarzwaldort Baiersbronn findest Du gleich zwei Lokale, die 2007 vom Guide Michelin mit drei Sternen ausgezeichnet wurden.

Viele Grüße
Nadja

Du möchtest die Information aus Nadjas Brief an eine andere Person weitergeben, die sich für Tourismus in Süddeutschland interessiert. Schreib den Text um, indem du *man* in der richtigen Form benutzt.

Urlaub am Bodensee ist genau das Richtige, wenn man ...

b Such dir eine Stadt oder Region aus deinem Land aus, die du gut kennst. Welche Informationen kannst du darüber geben?

1 Wenn man sich für Musik interessiert, …
2 Als Sportbegeisterter …
3 Wenn man mehr über die Geschichte des Landes erfahren möchte, …
4 Und natürlich hat man irgendwann mal Hunger und Durst. Und dann?

5 *jemand*

KB → nach GR2/Fortsetzung

jemand ist eine unbestimmte oder unbekannte Person.

*Wenn **jemand** Hunger hat, kann **er** hier eine Kleinigkeit essen.*
*Wo sind unsere Lehrer? Hast du **jemanden** gesehen?* (unbestimmte Person)
***Jemand** hat mir meine Tasche geklaut!* (unbekannte Person)

Ergänze *man* oder *jemand* oder *er* in der richtigen Form. Manchmal gibt es auch zwei Lösungen.

1 Ich suche einen Nachhilfelehrer für Englisch. Kennst du vielleicht ______________ ?

2 Nein, aber ist es nicht besser, wenn ______________ erst mal alleine lernt?

3 Das kann ______________ nicht so allgemein sagen.

4 Wenn ______________ anruft, hol mich bitte, ich bin im Garten.

5 Gestern hat ______________ nach dir gefragt, aber ______________ hat seinen Namen nicht gesagt.

6 Ich habe die Aufgabe nicht verstanden, vielleicht kann ______________ helfen.

7 Wenn ______________ beim dritten Mal immer noch denselben Fehler macht, hat ______________ wahrscheinlich nicht aufgepasst.

8 Es ist einfach so passiert, da konnte ______________ nichts machen.

9 Wenn ______________ bei Rot über die Ampel fährt, kann ______________ von Glück sagen, dass ______________ nichts passiert ist.

10 Wenn ______________ eine gute Schul- und Berufsausbildung hat, stehen ______________ alle Wege offen.

6
KB → nach B1f

Berichte mithilfe der beiden Schüttelkästen über deinen Alltag. Schreib circa zehn Sätze.

				WOHIN?
Am Montag, .../ Wochenende Am Morgen/ (Vor-/Nach-)Mittag/ Abend Um ... Uhr Von ... bis Manchmal/Oft ...	**gehe** **fahre** ...	**ich**	zu Fuß mit dem Bus/ der Bahn/ dem Auto ...	zu meinem Freund/meiner Freundin/meinen Freunden zur Haltestelle/Schule/zum Training/Schwimmen/Einkaufen in die Schule/Stadt/Disco/ins Kino/in den Supermarkt nach Hause ...

WO?			
Bei meinem Freund/meiner Freundin/meinen Freunden An der Haltestelle/Beim Training/Schwimmen/Einkaufen In der Schule/Stadt/Disco Im Kino/Supermarkt Zu Hause ...	**bin** **warte** **bleibe** **arbeite** **lerne** **esse** **trinke** **spiele** ...	**ich**	mit meinem Freund/meiner Freundin/meinen Freunden den ganzen Morgen/Mittag/Abend/Tag ... stundenlang von ... bis ... bis zum Mittag/Abend bis um ... Uhr ...

7
KB → nach B1f/Fortsetzung

Mit dem Boot zum Unterricht

In dem Text über Lukas fehlen die Präpositionen. Setze sie in der richtigen Form ein. Mach dir dann die Bedeutung der Präpositionen im Kasten klar.

Wer zu spät *zur* Anlegestelle kommt, rudert selbst *zur* Insel Scharfenberg. Die Fähre fährt alle 15 Minuten.

an (2x)	auf (6x)	aus (1x)	bis (1x)	in (7x)	nach 1(x)
neben (1x)			zu (3x)		zwischen (2x)

Lukas, 14 Jahre alt, _______ Berlin geboren, hat einige Zeit _______ einer kleinen Stadt in Baden-Württemberg gewohnt. Jetzt ist er froh, wieder _______ Berlin zu kommen, auch wenn er einen langen Weg _______ seiner Schule hat. Die Schule von Lukas liegt _______ der Insel Scharfenberg _______ Tegeler See mitten _______ Berlin. Scharfenberg besteht aus vielen Bäumen, mehreren Unterrichtsgebäuden, einer Gärtnerei und einem Bauernhof. 80 Schüler wohnen _______ der Insel _______ Internat *(n)*, 340 kommen jeden Tag _______ der Stadt _______ Unterricht. Der Bus hält _______ Strandbad Tegel. Ungefähr 300 Meter geht es dann noch zu Fuß und dann gehen die Schüler _______ die Fähre. _______ dem Festland und der Schulinsel liegen nur 100 Meter. _______ zum anderen Ufer dauert es deshalb keine zwei Minuten. Lukas und seine Mitschüler gehen _______ Ufer und _______ ihren Klassenräumen. Die sind _______ kleinen flachen Gebäuden _______ der Insel verteilt. Außer den Schulstunden gibt es Arbeitsgemeinschaften _______ der schuleigenen Gärtnerei oder _______ dem Bauernhof.

Doch was machen die Schüler, die verschlafen oder andere Unterrichtszeiten haben? Kein Problem! Alle 15 Minuten fährt die Fähre _______ Festland und Insel hin und her. Außerdem liegen Ruderboote _______ jeder Seite _______ der Anlegestelle für die Fähre, die die Schüler benutzen können. Wer möchte, nimmt ein Boot und rudert los.

8 Unterwegs in Deutschland

KB → nach B1f/Fortsetzung

Ergänze die fehlenden Präpositionen in der richtigen Form. Die Präpositionen im Kasten helfen dir dabei.

A Campingfreunde

Yvonne, 17, ___________ Essen zeltet zusammen mit Meike, 17, und Sandra, 18, ___________ Campingplätzen ___________ Ruhrgebiet *(n)*. Die Mädchen wandern oder fahren mit dem Bus von Ort ___________ Ort. Lebensmittel kaufen sie ___________ d____ Städten oder ___________ d____ klein____ Läden ___________ d____ Campingplätzen. Irgendwann möchte Yvonne auch mal ___________ ein____ Nordseeinsel oder ___________ ein____ See ___________ d____ Alpen *(Pl.)* Ferien machen. Aber ihr größter Wunsch ist, einmal ___________ Griechenland oder ___________ d____ Kanarischen Inseln zu fliegen.

B Der Radfahrer

Christian, 18, __________ Soest hat Freunde __________ Münsterland besucht und ist jetzt mit seinem Fahrrad unterwegs __________ Paderborn. Er fährt gern __________ einsam____ Landstraßen und __________ Wälder. Sein schönstes Ferienerlebnis war eine Übernachtung mitten __________ Wald __________ frei____ Himmel.

C Der Bahnfahrer

Max, 14, ist zum ersten Mal allein unterwegs. Er fährt mit dem Zug __________ sein____ Freund Jörg __________ Hindelang. Das ist ein kleiner Ort __________ d____ Nähe von Kempten. Zugfahren macht ihm großen Spaß. Auf seiner Fahrt von Norden __________ Süden trifft er viele nette Leute.

Sein Freund Jörg bleibt in den Ferien gern __________ Hause, denn Hindelang liegt __________ ein____ sehr schön____ Gegend.

an ■ durch ■ auf ■ aus ■ unter ■ in ■ nach ■ zu

9 *KB → nach B2*

Mündlicher Ausdruck: Foto auswählen

Wählt für einen Beitrag in einer Zeitschrift zum Thema „Der ideale Wohnort" eines der drei Fotos aus. Benutzt dabei, soweit sinnvoll, die entsprechenden Redemittel.

Mach einen Vorschlag und begründe ihn.

Ich würde … nehmen, weil …

Ich schlage vor, wir nehmen dieses Foto, weil …

Dieses Foto wäre am besten/besser geeignet, denn …

Warum denn nicht dieses Foto?/Wie wär's denn mit diesem Foto? Ich finde, …

10 Phonetik

KB → nach B2/Fortsetzung

30–33

a **Hört den unten stehenden Dialog. Markiert dabei: Wo wird betont? Wo gibt es Pausen? Achtet auch auf das Sprechtempo.**

● Auf dem ersten Foto ist ein Mehrfamilienhaus dargestellt. Man sieht auch, dass eine U-Bahn-Station in der Nähe ist. Das finde ich sehr wichtig heutzutage, weil man so schnell zur Arbeit fahren kann und keine Zeit unterwegs verliert. Deshalb würde ich das erste Foto nehmen.

■ Ich finde, dass Wohnen in der Stadt heute gar nicht mehr zumutbar ist. Der Straßenlärm und die schlechte Luft sind doch unerträglich, vor allem, wenn man Kinder hat. Deshalb würde ich nicht das erste Foto, sondern das zweite nehmen.

● Es stimmt natürlich schon, dass das Leben in der Großstadt auch Nachteile hat, nämlich die, die du genannt hast. Aber auf der anderen Seite hat man Geschäfte, Unterhaltungsmöglichkeiten, Kultur, alles ganz in der Nähe, wenn man öffentliche Verkehrsmittel benutzen kann. Man hat ein großes Angebot an …

■ Entschuldigung, wenn ich dich unterbreche, aber für die Kinder sind die Unterhaltungsmöglichkeiten und die Kultur nicht so wichtig wie eine saubere Umwelt.

● Ja, da hast du eigentlich recht. Aber den Bauernhof würde ich trotzdem nicht vorschlagen. Mir würde es zum Beispiel gar nicht gefallen, wenn es ständig nach Gülle und nach Tieren riecht. Ich glaube, dass auch viele andere Leute gar nicht davon begeistert wären. Wir haben ja noch ein drittes Foto. Hier ist ein Einfamilienhaus abgebildet.

■ Moment, ich möchte etwas dazu sagen: Ich glaube, dass es kein Einfamilienhaus ist, sondern ein … jetzt fällt mir das Wort nicht ein. Wie nennt man diese kleinen Häuser, die eigentlich wie Einfamilienhäuser aussehen, aber sie sind zusammengebaut, also mehrere in einer Reihe …

● Jetzt ist mir das Wort eingefallen: ein Reihenhaus!

■ Genau! Das heißt, dass man auch nicht unbedingt seine Ruhe hat, weil man die Nachbarn rechts und links hört.

● Ja, aber sie sind auch nicht so teuer wie z.B. ein richtiges Einfamilienhaus. Deshalb finde ich, dass das eine gute Lösung wäre.

■ Ja, das stimmt. Also gut, dann nehmen wir dieses Foto.

b **Lest den Dialog zu zweit laut vor und achtet auf die Aussprache und Betonung. Hört anschließend den Dialog noch einmal und kontrolliert eure Aussprache.**

c **Sprecht den Dialog frei und nehmt ihn auf.**

11 Die Geschichte Berlins

KB → nach B3

a Auf S. 83 im Kursbuch stehen Zeitangaben (linker Zettel). Schreibe diese in Worten.

Beispiele:
Im 13. Jahrhundert: *Im dreizehnten Jahrhundert*
1.9.1939: *Am ersten Neunten neunzehnhundertneununddreißig*

b Forme die Ausdrücke im Kursbuch S. 83/B3d (rechter Zettel) in Sätze um.

Gründung des Deutschen Reichs: *Das Deutsche Reich wird gegründet.*
Berichte dann zusammenhängend: *Im dreizehnten Jahrhundert wurde das Deutsche Reich gegründet.*

12 Lebenslauf

KB → nach GR4

Ergänze im folgenden Lebenslauf die passenden Präpositionen: ***an, bei, bis … zu, nach, seit, um, von … bis (2x), vor, während.*** **(Drei Lücken bleiben leer)**

Ich bin __________ 1. April __________ 1980, genau __________ 9 Uhr geboren. __________ meiner Geburt wohnte meine Familie in Berlin. Dort blieben wir __________ __________ meinem dritten Lebensjahr, als mein Vater beim Verkehrsministerium in Bonn angestellt wurde. __________ 1983 __________ 1986 zogen wir viermal um. __________ 1986 kam ich in die Grundschule in München-Schwabing und __________ der vierten Klasse besuchte ich das Zeppelin-Gymnasium. __________ meiner ganzen Gymnasialzeit wohnten wir in München, wo ich __________ 1999 auch das Abitur machte. __________ meinem Germanistikstudium, das sechs Jahre dauerte (__________ 1990 __________ 1996), machte ich eine 10-monatige Weltreise. __________ der Magisterprüfung habe ich insgesamt 33 Bewerbungen geschrieben, leider ohne eine Anstellung zu finden.

13 Nominal- und Verbalstil

KB → nach GR4/Fortsetzung

a Informiere dich mithilfe der Übersicht darüber, wie Satzteile in Sätze umgeformt werden können.

Präposition + Nomen	Konjunktion + Satz
Bei meiner *Geburt*	**Als** ich *geboren wurde,*
Nach der *Grundschule*	**Nachdem** ich die *Grundschule abgeschlossen hatte,*
Vor dem *Studium*	**Bevor** ich *studierte,*
Während meiner *Lehre*	**Während** ich *eine Lehre machte,*
Seit unserem *Umzug*	**Seit(dem)** wir *umgezogen sind,*
Bis zum Ende des Studiums	**Bis** mein Studium *zu Ende war,*

b Schulausflug zur Burg Königstein. Was passt zusammen? Ordne zu.

Vor der Busfahrt nach Königstein mussten viele Dinge für die Reise vorbereitet werden.

1 ~~Vor der Busfahrt nach Königstein~~
2 Bei der Abreise um 6 Uhr
3 Während der Busfahrt
4 Bei der Ankunft unterhalb der Burg
5 Beim Fußmarsch zur Burg hinauf
6 Nach der Besichtigung einiger historischer Bauten
7 Denn seit der Frühstückspause im Bus
8 Nach zwei Stunden
9 Bis zur Rückfahrt um halb fünf
10 Während des Spaziergangs

a unterhielten wir uns und erzählten Witze.
b wurden wir nass bis auf die Haut.
c saß unser Klassenlehrer bei uns und wir wollten ihn endlich loswerden.
d bekamen wir noch interessante Informationen über die ehemaligen Bewohner der Burg.
e ~~mussten viele Dinge für die Reise vorbereitet werden.~~
f hörte der Regen endlich auf.
g waren viele Eltern und Freunde vor der Schule versammelt, um sich von uns zu verabschieden.
h hatten wir noch Zeit für einen Spaziergang durch die Burganlage.
i regnete es in Strömen.
j suchten wir uns einen trockenen Ort, wo wir uns ohne Lehrer hinsetzen konnten.

1	2	3	4	5	6	7	8	9	10
c									

14 Schreibtraining: Korrektur von Grammatik- und Ausdrucksfehlern

KB → nach C

Eine Mitschülerin hat dich gebeten, ein Bewerbungsschreiben zu korrigieren, da du besser Deutsch kannst.

Bei einem Fehler im Wort: Schreib das Wort oder den Ausdruck richtig an den Rand (s. Beispiel Seite 109).
Bei einem Fehler in der Satzstellung: Schreib das falsch platzierte Wort an den Rand, zusammen mit dem Wort, mit dem es stehen soll (s. Beispiel Seite 109).
Pro Zeile gibt es einen Fehler.

Als Vertretung für eine schwangere Kollegin
sucht ein internationales Unternehmen
für das kommende Jahr

einen Sekretär oder eine Sekretärin

Die Stelle ist vom 1. Januar bis 30. Juni befristet.

Bewerbungsschluss: 10. Juli dieses Jahres

25. Juni

Sehr geehrte Damen und Männer, — Herren

im Internet ich habe gelesen, dass Sie für die Zeit vom 1. Januar bis zu 30. Juni nächsten Jahres eine Sekretärin suchen, weil eine schwangere Kollegin muss vertreten werden. Ich habe bisher als Sekretärin bei einer deutschen Firma im Athen gearbeitet. Aus persönlichen Gründen werde ich in Zukunft in unser Familienbetrieb arbeiten und halte ich aus diesem Grund eine wissenschaftliche Ausbildung für notwendige. Deshalb habe ich mich um einen Studienplatz für Betriebswirtschaft in der Universität Frankfurt beworben und habe seit wenigen Tagen meine Zulassung zum Studium bekommt. Aufgrund meiner vorigen Arbeit glaube ich, dass ich für den Beruf der Sekretärin sehr fähig bin. Zudem kann ich alle gängigen Computerprogramme.

(Korrekturen: Herren; habe ich)

In Erwartung Ihrer baldigen Antwort verbleibe ich

mit freundlichen Grüßen

Irina Drokan

15 Unser Ausland

Lies den Text auf Seite 110. Wie beurteilt der Verfasser, Randy Kaufman, die folgenden Fragen? Positiv (A) oder negativ/skeptisch (B)

	A	B
1 die Unterscheidung von „du" und „Sie" in der Anrede	☐	☐
2 das Verhältnis der Bürger zum Staat	☐	☐
3 das Dienstleistungsangebot in den meisten deutschen Archiven	☐	☐
4 die Tatsache, dass Positionen nicht nach Leistung, sondern eher aufgrund nachgewiesener Qualifikationen vergeben werden	☐	☐
5 die Fähigkeit der Deutschen, eine leichte, unverbindliche Unterhaltung zu führen	☐	☐

„Unser Ausland!"

Was ausländischen Mitbürgern in Deutschland auffällt –
Randy Kaufman, 46 Jahre, Archivar aus den USA, lebt seit 1975 in Deutschland

So fing es an: „Entschuldigung, ich möchte lieber Englisch sprechen!" – das war der einzige deutsche Satz, den ich auswendig konnte, als ich mich beim Konsulat in Boston um eine Stelle bewarb, für die solide Deutschkenntnisse eigentlich als Voraussetzung galten. Zu meinem Erstaunen bekam ich den Job trotzdem. Man schickte mich zunächst als Fremdsprachenassistent nach Essen, wo ich in einem Kolpinghaus untergebracht war. Dort in der Nähe stand auf einer Mauer in großen Buchstaben „HEIKE".

Dieser Name gefiel mir sehr gut. Er klingt deutsch, aber viel weicher als Ulla oder Helga, und so wünschte ich mir eine Heike als Freundin. Tatsächlich fand ich eine, und wenngleich die Beziehung nicht so toll lief, machten meine Sprachkenntnisse Fortschritte. Heute spreche ich, wenn ich in Deutschland bin, sogar mit hier lebenden Amerikanern prinzipiell Deutsch, weil ich mich dabei wohler fühle. Am besten gefällt mir die Du/Sie-Unterscheidung, weil sie nicht gleich aus jedem entfernten Bekannten einen *friend* macht und gleichzeitig, vor allem mit Frauen, manchen Anlass zu schönen, erotischen Spielereien gibt.

Die Deutschen organisieren gerne, das entspricht ihrer systematischen Mentalität. Und so sind Vereine als Form der Freizeitorganisation wohl eine typisch deutsche Erscheinung, egal, ob es Karnevalsvereine oder linke Politgruppen sind. Das Problem ist dabei weniger der Eintritt als der Austritt: Leichtsinnigerweise rutscht man in Deutschland schnell in irgendeinen Verein rein, kommt dann aber so leicht nicht wieder raus.

In Amerika reicht für eine Kündigung meistens ein Anruf, und statt der Vereine gibt es Klubs oder Initiativen, die sich von selbst wieder auflösen, wenn das gemeinsame Ziel erreicht ist. In den USA kommen gesellschaftliche Bewegungen eher von unten in Gang, in Deutschland dagegen wartet man oft auf die Initiativen von oben.

Durch dieses andere Verhältnis zum Staat wird hier weitgehend akzeptiert, was mir als Amerikaner wie ein Eingriff in meine persönliche Sphäre vorkommt: dass man seine Adresse bei der Polizei angeben muss, immer einen Personalausweis bei sich tragen soll und es dem Staat überlässt, Kirchensteuern einzutreiben.

Meine Kollegen haben vorgeschlagen, unser Archiv in „Information/Dokumentation" umzutaufen, weil sich „Archiv" doch so staubig anhöre. Als könnte ein Name etwas daran ändern, dass der Dienstleistungsgedanke den meisten deutschen Archiven zuwiderläuft. Als Gegenmaßnahme und um die Kommunikation zu fördern, habe ich an meinem Arbeitsplatz die einzige Archivbar der Welt eingerichtet.

Wenn in Deutschland der Service vielerorts nicht oder noch nicht funktioniert, hat das vielleicht mit der noch sehr starren Klassengesellschaft zu tun. Durch Leistung allein ist es hier nicht so einfach möglich, seine Position zu verbessern. In Amerika könnte ich mit meiner Ausbildung theoretisch Leiter der Library of Congress werden – in Deutschland dagegen müsste ich, um in eine entsprechende Position zu kommen, erst noch promovieren und sehr lange warten. Am Ende käme sicher jemand, der mich auf meinen Platz zurückverweist. Das kann zwar sehr unbefriedigend sein, sorgt aber andererseits für eine Stabilität, die es in Deutschland noch gibt und die ich sehr schätze.

Wenn man, wie in den USA, ständig alle Werte wechselt, entsteht das Gefühl, neuen Idealen immer nur hinterherzurennen und etwas zu verpassen. Die Deutschen haben ihre dauerhaften Prinzipien und gehen passend dazu davon aus, ihre Persönlichkeit immer gleichbleibend präsentieren zu müssen. Deswegen fällt ihnen das *stroking* so schwer, der nette und oberflächliche Small Talk mit Kollegen zum Beispiel, der sich einfach nicht verträgt mit deutschem Tiefsinn.

Weil ich als Amerikaner darin recht geübt bin, bekomme ich in Gesprächen immer mal wieder zu spüren, dass mich vor allem altgediente Linke so von der Seite ansehen, als zweifelten sie daran, dass Amerikaner zu tiefgreifenden Gedanken überhaupt in der Lage sind.

LERNWORTSCHATZ

Verben

jdn. abholen von (Dat)
etw. ahnen
ankommen gegen (Akk) (kam an, ist angekommen)
jdn. anmachen
sich etw. ansehen (sah an, angesehen)
jdm. etw. anvertrauen
jdn. anwerben (warb an, angeworben)
aufwachsen (wuchs auf, ist aufgewachsen)
sich austauschen über (Akk)
etw./jdn. bedienen
bestehen aus (Dat) (bestand, bestanden)
sich bewerben um (Akk) (bewarb, beworben)
sich bilden
etw. blockieren
sich entwickeln
etw. erreichen
fliehen (floh, ist geflohen)
etw. fördern
klettern
sich kümmern um (Akk)
etw. merken
etw. prägen
reiten (ritt, ist geritten)
rudern
etw. schaffen
etw. spüren
stattfinden (fand statt, stattgefunden)
stinken (stank, gestunken)
etw. teilen
etw. umgeben (umgab, umgeben)
sich verabschieden von (Dat)
sich verlassen auf (Akk) (verließ, verlassen)
etw. vermissen
verschlafen (verschlief, verschlafen)
sich verteidigen
jdn. vertreten (vertrat, vertreten)
zerfallen (zerfiel, ist zerfallen)
etw. zerstören
sich zusammenschließen (schloss zusammen, zusammengeschlossen)

Nomen

das Abgas, -e
die Arbeitskraft, -kräfte
der Ausflug, -flüge
der Ausländeranteil, -e
die Auswahl
der Bauernhof, -höfe
das Bauwerk, -e
die Besorgung, -en
die Betriebswirtschaft
das Boot, -e
der Brand, Brände
das Brettspiel, -e
die Durchführung
der Einwohner, -
die Entfernung, -en
die Ernte, -n
die Errichtung
die Fähre, -n
der Familienbetrieb, -e
das Feld, -er
das Festland
der Führerschein, -e
der Fußgänger, -
die Gärtnerei, -en
das Gebet, -e
die Gegend, -en
das Gemisch, -e
das Gerät, -e
der Gestank
das Gewässer, -
das Gewürz, -e
der Größenwahn
die Großstadt, -städte
der Hausbesetzer, -
die Herkunft
der Hund, -e
der Impuls, -e
die Katze, -n
die Kriminalität
die Kuh, Kühe
die Landwirtschaft
das Lebensmittel, -
der Migrant, -en
die Mühle, -n
der Nachbar, -n
das Pferd, -e
die Realität
die Regierung, -en
das Schwein, -e
der Sektor, -en
die Sicherheit
die Siedlung, -en
der Stadtteil, -e
das Stadtviertel, -
der Straßenzug, -züge
das Tal, Täler
das Trümmerfeld, -er
die Übernachtung, -en
die Unruhe, -n
der Verantwortliche, -n
das Verkehrsmittel, -
das Vermögen
die Verfolgung, -en
das Vorurteil, -e
der Wald, Wälder
die Werkstatt, -stätten
die Wiedervereinigung
die Wiese, -n
Wohnverhältnisse (Pl)
das Zelt, -e
die Ziege, -n
die Zulassung, -en

Adjektive und Adverbien

***** wird nur als Adverb gebraucht*

aufgeschlossen
außen*
bunt
ehemalig
eigenartig
einsam
flach
fremdartig
friedlich
geistig
geschafft
glanzvoll
hoch
innen*
innovativ
mehrstündig
mittlerweile*
namhaft
nebenberuflich
niedrig
hektisch
revolutionär
riesengroß
schwanger
unbegründet
ungewöhnlich
unmittelbar
unterwegs*
wirtschaftlich

Ausdrücke

(ganz) abgesehen von (Dat)
ein Studium absolvieren
... ist angesagt
die Musik aufdrehen
einen Beruf ergreifen
einen Einbruch begehen
etwas für jeden Geschmack
es gibt einen Haufen Gründe
bis auf die Haut nass werden
zu guter Letzt
es macht mir nichts aus
ein Resümee ziehen
Rückschläge erleiden
Sitten und Bräuche
auf Disco stehen
in Strömen regnen

16 Verben

a Ordne den Ausdrücken passende Verben aus dem Kasten zu. Bilde Sätze im Perfekt. Ergänze, wenn nötig: (Eine Jugendliche) Auf dem Land.

Eine Jugendliche ist auf dem Land aufgewachsen.

1 ~~auf dem Land~~
2 als Kind auf Bäume
3 gegen Argumente der Eltern gegen den Führerschein
4 auf die Nachbarn
5 den Nachbarn das Haus
6 von der Disco
7 den Rhythmus des Lebens
8 die Geschäfte leicht
9 auf dem Land nichts

abholen (Passiv) ■ klettern ■ (schwer) ankommen ■ anvertrauen ■ ~~aufwachsen~~ ■ erreichen ■ spüren ■ sich verlassen ■ vermissen

b Bilde Sätze im Präteritum (Aktiv oder Passiv).

1 In den sechziger Jahren / Arbeitskräfte aus dem Ausland / anwerben

____

2 Die Mauer / Kreuzberg auf drei Seiten / umgeben

____

3 Im Lauf der Jahre / die Gebäude / zerfallen

____

4 Die Jugendlichen / mit anderen Jugendlichen / sich austauschen

____

5 Die Schule / aus mehreren Gebäuden / bestehen

____

6 An diesem Tag / einige Schüler / verschlafen

____

7 Der Wettkampf / am 10. Juni / stattfinden

____

8 Die Architekten / viele bekannte Bauwerke / schaffen

____

9 Nach dem Abitur / viele Schüler / um einen Studienplatz in Germanistik / sich bewerben

____

10 Zu Beginn der Ferien / ich / von meinen Freunden und Freundinnen / sich verabschieden

____

17 Nomen

a Ersetze die Sätze durch nominale Ausdrücke bzw. die nominalen Ausdrücke durch Nomen aus der Wortliste.

1 Die Mauer wurde errichtet. — die Errichtung der Mauer
2 Die Olympischen Spiele wurden durchgeführt. ______
3 Die Oppositionellen wurden verfolgt. ______
4 Die Stadt wurde ausgebaut. ______
5 Deutschland wurde wiedervereinigt. ______
6 die Gründung der beiden Siedlungen Berlin und Cölln ______
7 der Zusammenschluss der Siedlungen zu einer Stadt ______
8 die Förderung von Kultur und Wissenschaft ______
9 die Teilung der Stadt ______
10 die Zerstörung von vielen Wohnungen und historischen Bauwerken ______

b Welche Nomen passen zu den Erklärungen? Die Wortliste hilft.

1 Dinge, die der Ernährung dienen: Lebensmittel
2 Eine Person, die ohne Erlaubnis ein leer stehendes Haus in Besitz nimmt und darin wohnt: ______
3 Wenn etwas schlecht riecht: ______
4 Ein Ort, der völlig zerstört ist: ______
5 Jemand, der seine Heimat verlassen hat und in ein anderes Land eingewandert ist: ______
6 Damit schmecken Speisen besser, pikanter: ______
7 Ein Feuer: ______
8 Besagt, wo eine Person herkommt: ______
9 Wenn jemand seine Fähigkeiten viel zu hoch einschätzt: ______
10 Wirklichkeit: ______
11 Oberste Behörde, die den Staat leitet: ______
12 Wenn Taten begangen werden, die gegen das Gesetz verstoßen: ______
13 Jemand, der zu Fuß geht: ______
14 Der Prozentsatz der Personen, die aus einem anderen Land kommen: ______

c Erkläre die Nomen mit deinen eigenen Worten.

1 Ausflug: ______________________

2 Führerschein: ______________________

3 Nachbar: ______________________

4 Kuh: ______________________

5 Vermögen: ______________________

6 Wohnverhältnisse: ______________________

d Welche Nomen aus der Wortliste passen dazu?

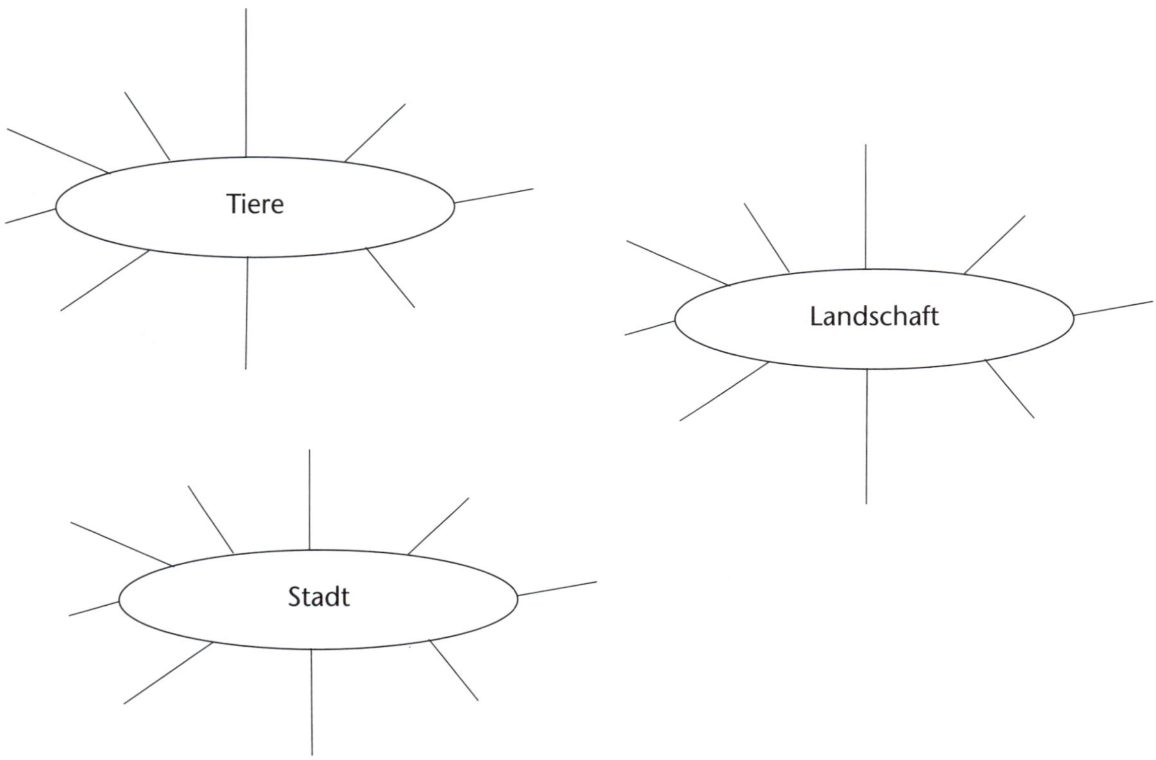

18 Adjektive

Erkläre die Bedeutung der Adjektive.

1 namhafte Künstler: berühmte Künstler

2 eine schwangere Frau: eine Frau, die ein Kind erwartet

3 eine einsame Gegend: ______________________

4 landwirtschaftliche Produkte: ______________________

5 unbegründete Angst: ______________________

6 eine nebenberufliche Tätigkeit: ______________________

7 niedrige Mieten: ______________________

8 ein buntes Gemisch: ______________________

9 aufgeschlossene Menschen: ______________________

10 glanzvolle Filmpremieren: ______________________

11 ein mehrstündiger Spaziergang: ______________________

12 der ehemalige Bundespräsident: ______________________

19 Ergänze Adverbien und Ausdrücke aus der Wortliste.

1 Anfangs gab es große Probleme, aber ______________ wurde das Projekt ein großer Erfolg.

2 Ins Kino gehe ich nicht so gern , aber ich ______________ Disco.

3 In der Zeitung steht, die Polizei hat zwei Frauen festgenommen, weil sie im Einkaufszentrum ______________ .

4 Ich weiß nicht genau, wann ich von der Reise zurückkomme, aber ich kann dich von ______________ anrufen.

5 Nach dem Besuch in Kreuzberg ______________ die Schüler ______________ : Es war eine positive Erfahrung.

6 Ich lerne schon seit drei Jahren Italienisch. ______________ kann ich mich schon ganz gut mit Italienern verständigen.

7 Es ist selbstverständlich, dass man ______________ eines anderen Volkes respektieren muss.

8 Die positive Entwicklung der Stadt hat durch die Energiekrise leider große ______________ .

9 Von außen sieht das Gebäude ganz normal aus. ______________ befindet sich aber eine Moschee.

10 Ich finde es schwierig, mir meine Zukunft vorzustellen. Ich habe mich noch nicht entschieden, ______________ .

Lernerfolgskontrolle

Das habe ich in Lektion 6 gelernt:		Wo?	Ich kann es jetzt.*			
			1	2	3	4
Lesen	in Texten wichtige Einzelinformationen verstehen		■	■	■	■
	die Einstellung/Meinung anderer erkennen und mit eigenen Worten wiedergeben		■	■	■	■
Hören	komplexe Informationen in Hörtexten verstehen		■	■	■	■
Schreiben	Notizen zu einem Thema machen		■	■	■	■
	Notizen zu einem Text machen		■	■	■	■
	Grammatik- und Ausdrucksfehler korrigieren (s. Schreibtraining)		■	■	■	■
Sprechen	über Vor- und Nachteile des Stadt- und Landlebens sprechen		■	■	■	■
	über die Geschichte einer Stadt sprechen, dabei persönliche Meinung äußern, mit Argumenten stützen		■	■	■	■
	Text mit eigenen Worten wiedergeben		■	■	■	■
	sich an Gesprächen beteiligen		■	■	■	■
Internet	im Internet gezielt Informationen zum Thema finden		■	■	■	■
Aussprache	Redemittel im Gespräch richtig aussprechen		■	■	■	■
Grammatik	Modalpartikeln		■	■	■	■
	man und *jemand*		■	■	■	■
	lokale Angaben		■	■	■	■
	temporale Angaben		■	■	■	■
Wortschatz	Wortschatz zum Thema „Stadt und Land“		■	■	■	■

* Notiere, was auf dich zutrifft.

1 = SEHR GUT (fast keine Fehler)
2 = GUT (wenige Fehler)
3 = ZIEMLICH GUT (mehrere Fehler)
4 = NOCH NICHT SO GUT (viele Fehler)

1 KB → nach GR1

Ergänze *sowohl … als auch, nicht nur … sondern auch, zwar … aber, weder … noch.*

1 Die Jugendlichen wissen ________, wie schädlich Rauchen ist, ________ sie nehmen es oft nicht ernst genug.

2 Um die Jugendlichen von den Gefahren zu überzeugen, sollte man ihnen ________ theoretische Informationen geben, ________ betroffene Personen vorstellen.

3 Was findest du schlimmer: Alkohol oder Rauchen? – Ich finde ________ Alkohol ________ Rauchen sehr schlimm. Ich würde beides verbieten.

4 Kann Methadon das Drogenproblem lösen? – Methadon hält abhängige Personen ________ von der Straße fern, ________ ich glaube, es löst das Problem nicht wirklich.

5 Sprichst du noch andere Sprachen, also Russisch oder Chinesisch? – Leider kann ich ________ Russisch ________ Chinesisch. Vielleicht später einmal!

6 Was findest du wichtiger, dass man Wörter lernt oder die Grammatik? – Ich finde ________ Wortschatz ________ Grammatik wichtig, man muss beides üben.

7 Sollten Kinder schon im Kindergarten Fremdsprachen lernen? – Fremdsprachen sind ________ wichtig, ________ ich finde, im Kindergarten sollten die Kinder vor allem spielen.

8 Sollen wir uns den Actionfilm ansehen, oder magst du lieber Krimis? – ________ das eine, ________ das andere. Ich sehe lieber Liebesfilme.

9 Magst du lieber Käsekuchen oder Sachertorte? – Mir schmeckt ganz grundsätzlich ________ Sachertorte ________ Käsekuchen, aber jetzt esse ich mal ein Stück Obstkuchen.

2 KB → nach GR 1/Fortsetzung

Antworte auf die Fragen und begründe deine Antwort. Benutze die doppelten Konjunktionen wie in Übung 1.

1 Magst du lieber süße oder salzige Speisen?

Ich mag sowohl süße als auch salzige Speisen, weil mir beide gut schmecken. / Ich mag zwar gern süße Speisen, aber sie haben viele Kalorien. Deshalb esse ich öfter salzige Speisen.

2 Wie findest du Extremsport?

____

____

3 Sollte man Gymnastik machen um abzunehmen oder sollte man lieber eine Diät machen?

____

____

4 Wie kann man lernen, mit einem Computer umzugehen?

____

____

5 Welche Fächer sollten Kinder in der Grundschule lernen?

____

____

6 Was sollte man mitnehmen, wenn man Urlaub in einem nordeuropäischen Land machen möchte?

____

____

7 Was braucht man und was braucht man nicht, wenn man das Wochenende auf einer einsamen Insel verbringen möchte?

____

____

3 Warum wird man abhängig?

KB → nach B1

Es sind immer mehrere Faktoren, die dabei eine Rolle spielen können.

Mensch
- **persönliche Entwicklung und Reife**
- **Eingebundensein im sozialen Kontext (Familie, Freunde usw.)**
- **genetische Faktoren**
- **körperliche und seelische Verfassung**

SUCHTDREIECK

Suchtmittel
- **Gefährlichkeit**
- **Verträglichkeit**
- **Höhe der Dosis**
- **Griffnähe**

Gesellschaft
- **Akzeptanz der Droge**
- **Verbreitung**
- **Werbung**
- **gesellschaftliche Bedingungen (z. B. Arbeitslosigkeit)**

a **Beschreibe die Faktoren mithilfe der Redemittel im Kasten.**

Mensch	Es hängt von … ab … / Es hängt davon ab, ob …
Suchtmittel	Dazu kommen bestimmte Eigenschaften der Suchtmittel. Es kommt nämlich darauf an, ob die Drogen … sind / wie … die Drogen sind.
Gesellschaft	Außerdem spielen … eine wichtige Rolle. / Außerdem spielt es eine wichtige Rolle, ob …

b **Warum wurde Eva (s. Kursbuch S. 88) süchtig? Beschreibe mithilfe des Suchtdreiecks, welche Faktoren bei ihr eine Rolle gespielt haben.**

4 Wiederholung der kausalen Angaben

KB → nach B1

Ergänze, was fehlt.

	weil + Satz	**wegen + Nomen**
1	Ich kann mir dieses Jahr keinen Urlaub leisten, weil ich hohe Schulden habe.	*Wegen meiner hohen Schulden kann ich mir dieses Jahr keinen Urlaub leisten.*
2	______________________	Wegen der großen Hitze sind die meisten Jugendlichen ins Freibad gegangen.
3	Er hat sich in sie verliebt, weil sie so schöne Augen hat.	______________________
4	______________________	Wegen der vielen Besucher waren alle Parkplätze in der Nähe der Ausstellung belegt.
5	______________________	Wegen des Lärms auf der Straße konnten wir die ganze Nacht nicht schlafen.
6	Auf den Straßen sind so viele Staus, weil es geschneit hat.	______________________
7	______________________	Alexandra ist wegen deren unfairem Verhalten böse auf ihre Freundin.
8	Ich mag dich, weil du einen guten Charakter hast.	______________________

5
KB → nach B2

34–36

Radiosendung zum Thema Sportsucht

Hör die Radiosendung und löse die Aufgaben.

1 Was ist Sportsucht?
A Man hat schlechte Leistungen im Sport.
B Man beschäftigt sich fast nur noch mit Sport.
C Man treibt gern Sport.

2 Welche Folgen kann Sportsucht haben?
A Häufig vernachlässigt man zwischenmenschliche Beziehungen.
B Man wird mit der Zeit allergisch gegen manche Dinge.
C Man wird dem Sport gegenüber gleichgültig.

3 Warum kann ein Mensch sportsüchtig werden?
A Man will extreme Leistungen erreichen.
B Man möchte besser aussehen.
C Man hofft, selbstbewusster zu werden.

4 Was rät der Arzt?
A Sportsüchtige müssen mehr essen, damit sie wieder zu Kräften kommen.
B Sie sollten ihre Ernährung ändern.
C Man muss die Ursachen für die Sucht herausfinden.

5 Warum hat Gerda Renner schon als Jugendliche viel Sport getrieben?
A Sie wollte Spitzenleistungen erreichen.
B Sie wollte sich später mit Triathlon beschäftigen.
C Sie wollte einen schönen Körper haben.

6 Was erfahren wir über Frau Renners Trainingszeiten?
A Sie hat morgens, nachmittags und abends trainiert.
B Sie hat jeden Morgen von 4–8 Uhr trainiert.
C Sie hat 4–5 Stunden in der Woche trainiert.

7 Was sagt Gerda Renner über den Erfolg ihres Trainings?
A Sie hat die geplanten Leistungen nicht erreicht.
B Sie hätte noch härter trainieren müssen.
C Sie hatte große internationale Erfolge.

8 Wie ging sie mit der Reaktion ihres Körpers um?
A Sie trainierte trotz einer Muskelverletzung weiter.
B Sie bemerkte ihre psychischen Probleme nicht.
C Sie versuchte es mit einem anderen Training.

9 Welche Therapie verordnete der Arzt?
A Sie sollte eine spezielle Therapie gegen ihre Herzbeschwerden machen.
B Sie durfte nicht mehr arbeiten.
C Sie durfte nur noch wenig Sport treiben.

10 Welche Folge hat die Krankheit für sie?
A Der Arzt hat ihr das Schwimmen verboten.
B Sie muss Medikamente gegen verschiedene Krankheiten nehmen.
C Ihr Herz ist möglicherweise für immer geschädigt.

6 KB → nach GR2

Droge Arbeit

Verbinde die Sätze mit *obwohl, trotzdem, weil* und *deswegen*. (Es gibt mehrere Möglichkeiten.)

1 Peter R. ist Rentner. Er ist erst 53.

2 Er leidet an Arbeitssucht. Peter R. ist arbeitsunfähig geworden.

3 Es fing damit an, dass er abends länger in der Firma blieb. Es gab nichts zu tun.

4 Er machte gern Überstunden. Er freute sich, gebraucht und anerkannt zu werden.

5 Er konnte sich auch in seiner Freizeit nicht entspannen. Er dachte dauernd an die Arbeit.

6 Er sprach immer nur von seiner Arbeit. Er hatte bald keine Freunde mehr.

7 Er hatte keinen Hunger. Er aß und trank den ganzen Tag nichts.

8 Er nahm keine Flüssigkeit zu sich. Er bekam starke Kopfschmerzen.

9 Kollegen schickten ihn zu einer Selbsthilfegruppe. Sie machten sich Sorgen um ihn.

10 Nun macht Peter R. schon seit zwei Jahren eine Therapie. Er ist noch nicht gesund.

11 Nach Aussagen von Psychologen werden viele Menschen arbeitssüchtig. Sie sind in einem leistungsorientierten Umfeld aufgewachsen.

12 Sie brauchen die Anerkennung am Arbeitsplatz. Das ist die einzige Anerkennung, die sie jemals erfahren haben.

7 Berichte über dich.

KB → nach GR 2/Fortsetzung

1 Ich bin ein (kein) guter Schüler/eine (keine) gute Schülerin,
weil …
obwohl …

2 Ich brauche ziemlich lange für meine Hausaufgaben,
weil …
obwohl …

3 Ich treibe gerne Sport,
weil …
obwohl …

4 Meine Eltern erlauben mir nicht, spät abends auszugehen,
weil …
obwohl …

5 Später möchte ich gern ______________________ werden,
(Beruf angeben)
weil …
obwohl …

8 Forme die präpositionalen Ausdrücke in Sätze mit *obwohl* oder *trotzdem* um.

KB → nach GR2/Fortsetzung

1 Trotz der lang anhaltenden Dürre gibt es viel Grün in dieser Gegend.

Obwohl die Dürre schon lange anhält, gibt es …

Die Dürre hält schon lange an. Trotzdem gibt es …

2 Trotz seiner Anstrengungen hatte er nicht den erwarteten Erfolg.

____

3 Sie ging trotz ihrer starken Erkältung zum Basketballtraining.

____

4 Trotz des Regens möchte ich einen Ausflug aufs Land machen.

____

5 Ich liebe dich trotz deiner Fehler.

____

6 Trotz seines jungen Alters ist er schon sehr erfahren.

____

7 Trotz der häufigen Streitigkeiten mögen wir uns sehr gern.

____

9 Einbahnstraße

KB → nach GR3

nachdem-Satz: Verwendung der Zeitformen	
Zuerst (*nachdem*-Satz)	**Danach**
Vergangenheit: Nachdem Ali die Kasse geknackt hatte, (Plusquamperfekt)	flog er von der Schule. / ist er von der Schule geflogen (Präteritum oder Perfekt)
Zukunft: Nachdem ich die Hausaufgaben gemacht habe, (Perfekt)	spiele ich Basketball. (Präsens)

Was passt zusammen? Schreibe dann Sätze wie im Beispiel

Nachdem Ali die Kasse im Schulsekretariat geknackt hatte, flog er von der Schule.

1. ~~Ali knackte die Kasse im Schulsekretariat.~~
2. Ali arbeitete nur drei Tage bei einem Malermeister.
3. Man sah Ali längere Zeit nicht.
4. Ein halbes Jahr verging.
5. Charly zog einmal an einem Joint.
6. Ali handelte eine Weile mit Haschisch und anderen weichen Drogen.
7. Zadek nahm einen LSD-Trip.
8. Die Jugendlichen nehmen harte Drogen.
9. Ali beobachtete die Jugendlichen sehr genau.

a Die Jugendlichen merkten, dass Ali mit Rauschgift handelte.
b Der Film gefiel ihm ganz besonders gut.
~~c Ali flog von der Schule.~~
d Er spürte keine Wirkung.
e Ali wusste, wer für Drogen anfällig war.
f Die Jugendlichen änderten ihr Verhalten und ihre Einstellung zum Leben.
g Ali tauchte plötzlich wieder in der Schule auf.
h Ali brach seine Ausbildung ab.
i Ali begann, mit Heroin zu handeln

1	2	3	4	5	6	7	8	9
c								

10 Herstellung eines Buches

KB → nach GR 3/Fortsetzung

Leg zuerst die Reihenfolge fest und schreib dann einen kleinen Text.

- [ ] der Autor, der Verlag – Vertrag abschließen
- [ ] wir – das Buch kaufen
- [ ] der gesetzte Text mit Bildern – in die Druckerei kommen
- [*1*] ein Autor – ein Buch schreiben
- [ ] der Redakteur – das Manuskript bekommen, korrigieren, Bilder auswählen
- [*5*] das Manuskript – zum Hersteller kommen
- [ ] das fertige Buch – zum Buchhändler kommen
- [ ] das bedruckte Papier – in die Buchbinderei kommen
- [*2*] der Autor – sich an einen Verlag wenden
- [*11*] das Buch – fertig werden
- [ ] der Hersteller – Schrifttyp und Papier auswählen, Text und Bilder setzen lassen
- [ ] der Drucker – Text, Bilder auf große Papierbögen drucken
- [ ] der Buchbinder – das Papier falten, einen Umschlag um das Buch machen

Beispiel: *(1+2) Nachdem der Autor ein Buch geschrieben hat, wendet er sich an einen Verlag.*

11 Ergänze die Sätze sinngemäß. Achte auf die Zeitform!

KB → nach GR 3/Fortsetzung

1 Nachdem wir den Film gesehen hatten, ______________________________ .

2 Wahrscheinlich werde ich im Ausland studieren, nachdem ______________________________ .

3 Wir haben noch lange geredet, nachdem ______________________________ .

4 Nachdem du ein Hotel gebucht hast, ______________________________ .

5 Nachdem der Fernseher repariert worden war, ______________________________ .

6 Meine Freundin hat mir nicht mehr geschrieben, nachdem ______________________________ .

7 Nachdem wir umgezogen waren, ______________________________ .

8 Ich möchte noch ein bisschen weggehen, nachdem ______________________________ .

12 Redewiedergabe

KB → nach GR4

Lies den Zeitungsartikel und markiere alle Stellen, wo die Aussagen der Veranstaltungsteilnehmer zitiert werden.

Mit 10 schon Alkoholiker

Ärzte über Zunahme der Abhängigkeit Jugendlicher besorgt

Rund 200 000 Jugendliche in der Bundesrepublik sind alkoholkrank oder stark gefährdet. Diese Zahl nannten Ärzte und Psychologen am Wochenende bei einer Veranstaltung der Deutschen Ärztekammer in Frankfurt zum Problem des Jugendalkoholismus. Wie es auf der Veranstaltung hieß, würden die Süchtigen immer jünger. Schon Zehnjährige seien regelmäßig berauscht. Fast ein Drittel der jugendlichen Alkoholiker sei weiblich.

Weil Alkoholkonsum heute als etwas „Selbstverständliches" betrachtet werde, gehöre Alkohol zu den gefährlichsten Drogen, meinten die Mediziner. Fast 35 Prozent der Alkoholsüchtigen würden den ersten Vollrausch im Elternhaus erleben. Während bei Erwachsenen der Weg in die Abhängigkeit oft Jahre dauere, würden bei Kindern und Jugendlichen wenige Monate reichen.

Alkohol werde von Jugendlichen nicht nur zur Erlebnissteigerung, sondern oft auch als Problemlöser benutzt. Kontaktschwierigkeiten würden oft „im Alkohol ertränkt".

Zur Vorbeugung gegen Alkoholismus müsse in der ersten Lebensphase vor allem emotionale Zuwendung einsetzen. Außerdem sei „Konsumschulung" – etwa durch das Beispiel der Eltern im verantwortungsbewussten Umgang mit Alkohol – nötig.

Trage die Verbformen der von dir markierten Stellen in die Tabelle ein.
Forme sie in den Indikativ um.

Konjunktiv I	Indikativ
würden … jünger	*werden … jünger*
seien … berauscht	*sind … berauscht*

13 Was wissen die Leute über den Zustand an Charlys Schule?

KB → nach C1f

Gib die Aussagen in der indirekten Rede wieder (Konjunktiv I oder II).

a) **Theodor Klein, Rektor des Wilhelm-Gymnasiums:**

Ich bin überzeugt, dass an unserer Schule keine Drogen gehandelt oder konsumiert werden. Ich muss aufs Schärfste gegen diese Behauptungen protestieren. Ich werde noch heute eine gleichlautende Erklärung an die Presse abgeben.

Herr Klein sagt, er sei …

b) **Jürgen Stech, Sportlehrer:**

Ich kann mir nicht vorstellen, dass die Dinge so schlimm sind, wie jetzt behauptet wird. Das hätten wir sonst sicher schon bemerkt.

Herr Stech meint, …

c) **Hans Eigner, Hausmeister:**

Natürlich nehmen einige unserer Schüler Drogen. Das muss wirklich einmal offen gesagt werden. Ich sehe immer wieder verdächtige Typen auf dem Schulhof, die unseren Schülern etwas zustecken.
Ich fordere hiermit alle Verantwortlichen zum Handeln auf! Tut etwas, bevor es zu spät ist! Legt diesen Verbrechern das Handwerk!

Herr Eigner behauptet, dass …

direkte Rede	indirekte Rede
ich	er/sie
mein Vater	sein/ihr Vater
wir die Leute	sie
unsere Freunde	ihre Freunde
hier	an diesem Ort, an dieser Schule, …
jetzt	nun, in dem Augenblick
heute	an diesem Tag
gestern	am Tag zuvor
morgen	am nächsten Tag
Iss was!	Ich solle etwas essen.
Passt auf!	Wir sollten aufpassen.
Das würde niemand tun.	Das würde niemand tun.
Fährst *du* mit *deinen* Eltern in Urlaub? Wann geht's los?	Man fragt sie, ob *sie* mit *ihren* Eltern … fahre und wann es losgehe.

14 *KB → nach D*

Extremsport gibt Drogen keine Chance

Lies den kurzen Text und gib ihn mit deinen eigenen Worten wieder.
Welche Meinung hast du persönlich zu dieser Aussage?
Welche Beispiele fallen dir dazu ein?

Ganz gleich, ob es sich um Sumpf-Fußball, Extrembügeln, Rockboarding oder andere Extremsportarten handelt: Hier sind voller körperlicher und geistiger Einsatz sowie absolute Konzentration gefragt. Der Körper reagiert darauf mit der Produktion von Endorphinen, also mit Stoffen, die ähnlich wirken wie Morphium: Sie betäuben Schmerz und Hunger und vermitteln Hochstimmung und Glücksgefühle. Genauso fühlen wir uns, wenn wir eine gefährliche Situation meistern und dabei alle Kräfte mobilisieren.

Im Text steht, ...
Wenn man Extremsport macht, ...
Ich glaube, ...
Wenn wir zum Beispiel ...

15 *KB → nach D/Fortsetzung*

Bewegungszwang – Wenn Sport zur Sucht wird

Ergänze die Verben im Konjunktiv I bzw. Konjunktiv II.

Auf einem Treffen der Deutschen Sportpsychologen ging es erneut um das Thema Bewegungszwang. Der Sportpsychologe Doktor Becker von der TU Berlin erklärte, Sportsüchtige ______________ (sein) Menschen, die durch Sport ihre psychischen Probleme bewältigen ______________ (wollen). Oft ______________ (haben) diese Menschen ein vermindertes Selbstwertgefühl und ______________ (glauben), durch Anerkennung ihre Minderwertigkeitsgefühle in den Griff zu bekommen. Doktor Becker ist der Meinung, dass diese Personen unbedingt professionelle Hilfe ______________ (brauchen). Sie ______________ (müssen) erkennen, dass man Sport nicht in erster Linie ______________ (treiben), um Superleistungen zu erreichen. Wenn Sport ein beherrschendes Bedürfnis im Leben ______________ (werden), ______________ (sollen) sich der Betroffene an einen Psychologen wenden, der ihm hilft, das Problem zu erkennen.

16

KB → nach D/Fortsetzung

Wenn Sport zur Sucht wird – Kurzinterviews des Jugendmagazins „Trend" mit betroffenen Jugendlichen

a Schreib die Kurzinterviews in der direkten Rede.
Achte besonders auf die Aussagen, die sich auf Ereignisse beziehen, die in der Vergangenheit passiert sind.

1 Auf die Frage, welche persönlichen Erfahrungen sie mit diesem Thema habe, antwortet Stefanie, dass sie am liebsten den ganzen Tag Handball spielen würde. Sie fühle sich nur dann wohl, wenn sie gerade spiele oder wisse, dass sie am selben Tag noch zum Training gehen könne. Wenn sie mal tagelang nicht spiele, fühle sie sich richtig „auf Entzug". (Stefanie, 16)

Trend: *„Welche Erfahrungen hast du ...?*
Stefanie: „..."

2 Robert erklärte auf die Frage, warum er seine Diplomarbeit an der Uni über Sportsucht geschrieben habe, dass er einen Freund habe, der an Sportsucht gelitten habe. Deshalb interessiere ihn das Thema „Sportsucht". Sein Freund sei nun geheilt, aber der Arzt habe ihm verboten, Leistungssport zu machen. Es bestehe die Gefahr, dass er rückfällig werde. (Robert, 24)

Trend: „...?"
Robert: „..."

3 Lars äußerte sich zu der Frage, ob er selbst schon einmal von diesem Problem betroffen gewesen sei. Er sagte, er wisse erst jetzt, dass er vor einem Jahr einige Monate lang sportsüchtig gewesen sei. Damals habe ihn seine Freundin verlassen, die er sehr geliebt habe. Um seinen Frust zu vergessen, sei er jeden Tag ins Hallenbad gegangen und sei zwei Stunden geschwommen. Erst als er sich wieder neu verliebt habe, habe er den Sport aufgegeben." (Lars, 21)

Trend: „...?"
Lars: „..."

b Trage die Konjunktivformen aus den Texten unter a in die Tabelle ein.

Infinitiv	Konjunktiv I Gegenwart oder Ersatzform Konjunktiv II	Konjunktiv I Vergangenheit
haben	*sie habe Erfahrung*	
...		
verbieten		*der Arzt habe verboten*

Ergänze die Regel. (Zwei Begriffe bleiben übrig.)

Vergangenheit ■ Konjunktiv I ■ Konjunktiv II ■ Partizip I ■ Partizip II

Der Konjunktiv I Vergangenheit wird mit dem ____________ von *haben* oder *sein* und dem ____________ gebildet. Man benutzt den Konjunktiv I Vergangenheit, wenn es in der Redeerwähnung um Ereignisse geht, die ____________ passiert sind.

17 *KB → nach D/Fortsetzung*

„Ich war arbeitssüchtig" – Peter R. berichtet

Setze den Bericht von Peter R. in die indirekte Rede und benutze dazu den Konjunktiv.

> „Es hat damit angefangen, dass ich abends länger in der Firma blieb. Dabei gab es eigentlich keine dringenden Aufgaben zu erledigen. Ich habe mich ganz einfach gefreut, wenn mein Chef mich gelobt hat. Ich kannte das ja schon von zu Hause: Wir sind als Kind nur dann geliebt und gelobt worden, wenn wir etwas geleistet haben.
> Ich habe selbst nicht gemerkt, dass ich krank war. Irgendwann hat mich mal ein Kollege angesprochen. Damals haben viele der Kollegen gar nicht mehr mit mir gesprochen, weil sie es nicht so gern sahen, dass ich mich so für die Firma eingesetzt habe. Ich bin dann zu einem Psychologen gegangen und der hat mich in die Therapie geschickt. Das war vor zwei Jahren, aber ich fühle mich immer noch nicht gesund. Die Ärzte sagen, es wird wohl noch eine Weile dauern, weil ich völlig neue Verhaltensmuster lernen muss."

Peter R. berichtet, *es habe damit angefangen, dass …*

18 *KB → nach D/Fortsetzung*

Textrekonstruktion

Einige Wörter sind unleserlich geworden.
Rekonstruiere den Text, indem du jeweils das fehlende Wort an den Rand schreibst.

Lies zuerst den Text. Überleg dir dann, was für ein Wort in die Lücke passen könnte (Artikel, Adjektiv, Nomen, Präposition, Verb oder Konjunktion).

> Gerda Renner war sportsüchtig. Schon als Jugendliche hatte sie sich intensiv mit Sport beschäftigt. [redacted] war ihr gutes Aussehen besonders wichtig: Ihr Körper sollte durchtrainiert und straff sein. Mit 26 [redacted] begann sie professionell mit Triathlon. Da sie sehr sportbegabt war, erbrachte sie auch sehr [redacted] Leistungen. Dafür trainierte Gerda bis zu fünf Stunden täglich, sieben Tage in der [redacted]. Dreimal am Tag absolvierte sie ihr Sportprogramm: Fitness, Laufen und Schwimmen. Sie [redacted] sich außerdem um ihre kleine Tochter und war berufstätig. Um den Sport mit ihren [redacted] Verpflichtungen vereinbaren zu können, schlief sie täglich nur noch wenige Stunden. Als sie [redacted] einem Muskelriss die Schmerzen ignorierte und trotzdem weitertrainierte, brach sie [redacted].
> Der Arzt diagnostizierte Sportsucht. Wegen der starken Herzrhythmusstörungen ordnete [redacted] Bettruhe an. Gerda durfte sich überhaupt nicht bewegen und natürlich auch nicht mehr [redacted] Arbeit gehen. Das war das Ende ihrer Karriere als Schwimmerin. Zwar schwimmt sie [redacted] heute noch regelmäßig, aber mit Maß. Ihre Herzrhythmusstörungen sind zwar [redacted] stark als früher, aber nach Aussage des Arztes werden sie niemals ganz weggehen. [redacted] muss sie manchmal Medikamente nehmen, um diese Störungen in den Griff [redacted] bekommen.

Damals ______

______

______

______

______

______

______

______

______

______

______

______

______

______

19 *KB → nach D/Fortsetzung*

Schreibtraining: Sätze und Inhaltspunkte miteinander verbinden

a Lies die Meldung.

Früher war es eine lästige Feierabendtätigkeit, nun ist sie zum Extremsport aufgestiegen: Sie heißt Extrembügeln und es geht darum, immer neue Schauplätze wie Seen, Klippen oder Straßenkreuzungen zu entdecken, wo man sein Bügelbrett aufstellen und seine Klamotten bügeln kann. Der Erfinder dieser Extremsportart ist Phillip Shaw aus der englischen Stadt Leicester, der als Erster Bügelbrett und Eisen zum Bergsteigen mitgenommen hat.

b Einer deiner Freunde hat auf die oben stehende Meldung reagiert, aber sein Brief ist nicht flüssig. Lies den Brief und verbinde die Sätze nun zu einem zusammenhängenden Text.

Das erreichst du, indem du
- den Satz nicht immer mit dem Subjekt, sondern einem anderen Ausdruck beginnst und/oder
- zwei Sätze mit einer Konjunktion verbindest (und/oder/aber/denn/zwar…, aber/Relativpronomen/dass/weil/wenn usw.).

Du kannst auch Ausdrücke oder Sätze hinzufügen, wenn nötig.

Ihr Artikel über „Extreme Ironing“

Sehr geehrte Damen und Herren,

ich habe Ihren Artikel heute im Internet gelesen.
Ich habe mich auch schon mit Extremsport beschäftigt.
Das Thema interessiert mich.
Es interessiert mich nicht nur deshalb.
Das Thema Extremsport hat noch eine andere Komponente.
Die andere Komponente ist wahrscheinlich noch weniger bekannt.
Ich möchte auf die andere Komponente eingehen.
„Extreme Ironing“, also Extrembügeln, wurde in der kleinen Stadt Leicester erfunden.
Das ist sicher kein Zufall.
Extrembügeln ist wirklich der verrückteste Extremsport.
Er entstand in einem kleinen Ort.
Der Ort verfügt über eine schöne mittelalterliche Architektur und römische Ruinen.
Der Ort bietet vor allem jungen Leuten sonst wenig Abwechslung.
Jemand wurde hier erfinderisch!
Es ist kein Wunder.
Jeder Mensch sucht irgendwann und auf irgendeine Weise nach dem Kick.
Der Kick macht sein Leben aufregender.
Adrenalin wird durch den Kick produziert.
Wir brauchen das manchmal.
Extremsport bietet das.

Der Alltag würde nur aus alltäglichen Aufgaben und Pflichten bestehen.
Der Alltag wäre sehr langweilig,
Der Junkie hat das irgendwann mal in den Drogen gesucht.

Das hat ihn aber abhängig gemacht.
Es hat seinen Körper und seine Seele kaputt gemacht.
Sein tägliches Hoffen und Wünschen dreht sich nur noch um den Stoff.
Es ist anders beim Extremsport.
Es gibt auch hier eine psychische Abhängigkeit.
Man sucht immer wieder nach diesem Kick.
Hier werden auch „Glückshormone" produziert.
Sie werden vom Körper wieder abgebaut.
Es sind körpereigene Stoffe.
Sie sind ungefährlich.
Die Beschäftigung mit Extremsport ist ein wirksames Mittel gegen Drogen.

LERNWORTSCHATZ

Verben

jdn. abbringen von (Dat) (brachte ab, abgebracht)
abnehmen (nahm ab, abgenommen)
jdm. etw. androhen
jdn. angreifen (griff an, angegriffen)
jdn. aufklären
etw. aufgeben (gab auf, aufgegeben)
etw. auftreiben (trieb auf, aufgetrieben)
auseinanderbrechen (brach auseinander, ist auseinandergebrochen)
etw. auslösen
sich auswirken auf (Akk)
etw. ausprobieren
etw. austauschen
etw./jdn. beeinflussen
etw. behaupten
beißen (biss, gebissen)
etw. bekämpfen
jdn. beschimpfen
etw./jdn. betäuben
etw. bewältigen
etw. beweisen (bewies, bewiesen)
jdn. bewundern
jdn. bezeichen als (Akk)
dazugehören
etw. diagnostizieren
jdn. dopen
etw. durchhalten (hielt durch, durchgehalten)
sich engagieren
jdn. erziehen (erzog, erzogen)
fasten
jdn. fertigmachen
gelten als (Nom) (galt, gegolten)
handeln mit (Dat)
sich herumtreiben (trieb herum, herumgetrieben)
jdn. hindern
jdm. imponieren
etw. kauen
kiffen
etw. lecken
leiden an (Dat) (litt, gelitten)
etw. meistern
etw. mitbekommen (bekam mit, mitbekommen)
nachhelfen mit (Dat) (half nach, nachgeholfen)
riechen (roch, gerochen)
etw. schädigen
jdn. schlagen (schlug, geschlagen)
etw. schlucken
schweigen (schwieg, geschwiegen)
jdn. sensibilisieren für (Akk)
sitzen bleiben (blieb sitzen, ist sitzen geblieben)
jdn. stören
jdn. stoßen (stieß, gestoßen)
übertreiben (übertrieb, übertrieben)
etw. überwinden (überwand, überwunden)
jdn. überzeugen von (Dat)
sich umdrehen
sich umschauen
jdn. unterstützen
etw. vereinbaren mit (Dat)
sich verstecken
etw. verschlingen (verschlang, verschlungen)
jdm. etw. versprechen (versprach, versprochen)
sich etw. vornehmen (nahm vor, vorgenommen)
jdm./einer Sache widerstehen (widerstand, widerstanden)

Nomen

die Abhängigkeit
die Akne
Anabolika (Pl.)
das Argument, -e
der Aschenbecher, -
die Augenbraue, -n
der Bauch, Bäuche
das Bedürfnis, -se
der Bewegungszwang
der Bizeps, -e
der Dackel, -
die Drogenbeschaffung
der Einsatz, Einsätze
die Entbehrung, -en
die Entlastung, -en
die Entzugserscheinung, -en
das Erscheinungsbild, -er
der Faktor, -en
das Fitnessstudio, -s
die Gefahr, -en
das Gefängnis, -se
das Gehabe
das Gerücht, -e
die Haut
der Held, -en
der Heiligenschein
die Hochstimmung
das Hormonpräparat, -e
die Kampagne, -n
der Kettenraucher, -
der Kick, -s
das Kinn, -e
die Körpersprache, -n
der Lachs
das Laster,-
der Leberschaden, -schäden
der Leistungssport
die Leitung, -en
der Lungenkrebs
die Magersucht
der Mund, Münder
der Muskelriss, -e
das Nasenbluten
die Nebenwirkung, -en
die Profikarriere, -n
der Raucherhusten
das Rauchverbot, -e
die Reife
die Scheibe, -n
die Schlankheitskur, -en
die Schulter, -n
die Selbsthilfegruppe, -n
der Skrupel, -
der Sportwissenschaftler, -
die Spritze, -n
die Suchtprävention
das Suchtverhalten
die Therapie, -n
die Träne, -n
das Umfeld
das Verbotsschild, -er
die Verbreitung
die Verfassung, -en
das Verlangen
die Verzweiflung
der Vorrat, Vorräte
die Weltspitze
der Wettkampf, -kämpfe
der Wille
der Zustand, Zustände

Adjektive und Adverbien

***** wird nur als Adverb gebraucht**

abgemagert
abschreckend
aggressiv
anerkannt
anliegend
anständig
arbeitsunfähig
bedingungslos
beliebt
depressiv
diszipliniert
durchtrainiert
familiär
genetisch
genüsslich
heftig
hingerissen
körpereigen
körperlich
illegal
lecker
leistungsfähig
leistungsorientiert
nachdenklich
prinzipiell
professionell
rückfällig
schädlich
schlank
schwanger
seelisch
selbstbewusst
sportbegabt
süchtig
tödlich
überfordert
übermäßig
überzeugend
umsonst*
unbändig
unerlaubt
vergeblich
verträglich
vorherrschend
wirksam
zwanghaft
zwischenmenschlich

Ausdrücke

Alarm schlagen
aufgrund (Gen)
jdn. in Aufregung versetzen
jdn. nicht ausstehen können
einen Bogen machen um (Akk)
auf einer Droge sein
Druck ausüben auf jdn.
auf Entzug
etw. im Griff haben/in den Griff bekommen
von heute auf morgen
über sich selbst hinauswachsen
aus eigener Kraft
Kräfte mobilisieren
(wieder) zu Kräften kommen
im Lauf der Zeit
gute Leistungen erbringen
nicht lockerlassen
im nachhinein
jdn. im Nacken haben
sich die Nase an der Scheibe plattdrücken
sich (nicht) auf der Nase herumtanzen lassen
es macht mir (sehr) zu schaffen
sich scheiden lassen
Spitzenleistungen erreichen
an den Start gehen
jdn. in den Sumpf ziehen
tunnelartig unterwegs sein
jdm. ein Ultimatum stellen
Verantwortung übernehmen
etw. zur Verfügung haben
jdn. verrückt machen
das Wasser läuft mir im Mund zusammen
ins Ziel kommen

20 Verben

a Ergänze die Sätze mit passenden Verben aus dem Kasten. (Drei Verben bleiben übrig.)

abbringen ■ aufklären ■ auswirken ■ beeinflussen ■ bewältigen ■ diagnostizieren ■ dopen ■ imponieren ■ meistern ■ probieren ■ schädigen ■ überwinden ■ überzeugen

1 Alle wissen, dass Rauchen vor allem die Atemwege und die Lunge ________________ kann.

2 Kann man die Jugendlichen von der Gefährlichkeit des Rauchens ________________ ?

3 Vielleicht kann man sie durch Informationen und Abschreckung vom Rauchen ________________ .

4 Man sollte ihnen erklären, wie sich Rauchen auf die Gesundheit ________________ .

5 Man sollte sie über mögliche Schäden ________________ .

6 Der Arzt ________________ eine schwere Lungenentzündung.

7 Oft wollen Männer mit ihren Muskelpaketen den Frauen ________________ .

8 Manchmal ________________ Jugendliche schon in jungem Alter Drogen.

9 Gewöhnlich lassen sie sich leicht von Gleichaltrigen ________________ .

10 Leider sind Sportler bei Wettkämpfen häufig ________________ .

b Bilde Sätze wie im Beispiel. Ergänze dabei, was fehlt (Präposition, Artikel, Pronomen).

1 Lehrer / nicht mitbekommen / dass / einige Schüler / Drogen konsumieren.
Die Lehrer bekamen nicht mit, dass einige Schüler Drogen konsumierten.

2 Haschisch und LSD / weiche Drogen / gelten
____

3 Zigaretten und Alkohol / legale Drogen / bezeichnen / man
____

4 Herbert und Ali / Erzähler / fertigmachen / weil / Haschisch rauchen
____

5 Drogensüchtige / täglich / Stoff / auftreiben müssen
____

6 Andreas Niedrig / als 13-Jähriger / kiffen beginnen
____

7 Verletzung / ihn / daran hindern / Weltmeister werden
____

c **Berichte über Andreas Niedrig. Bilde Sätze mithilfe der Ausdrücke und der Verben. Ergänze jeweils das passende Subjekt.**

~~bewältigen können~~ ■ beweisen ■ durchhalten ■ engagieren ■ leiden ■ sensibilisieren wollen ■ überwinden ■ unterstützen

1 an Drogensucht ______________________

2 seine Willensstärke ______________________

3 das Problem *Andreas Niedrig konnte das Problem bewältigen.*

4 die Abhängigkeit ______________________

5 das harte Training ______________________

6 ihn bei seinem Vorhaben ______________________

7 sich in der Suchtprävention ______________________

8 Jugendliche für Drogengefahr ______________________

d **Notiere alle Verben aus der Wortliste, die mit „essen" zu tun haben. Erkläre, um was für eine Art zu essen es jeweils geht.**

kauen: mit den Zähnen etwas zerbeißen
Kaugummi kauen: auf der Kaumasse herumbeißen
...

21 Nomen

a **Notiere zu den folgenden Begriffen alle Nomen, die dazu passen.**

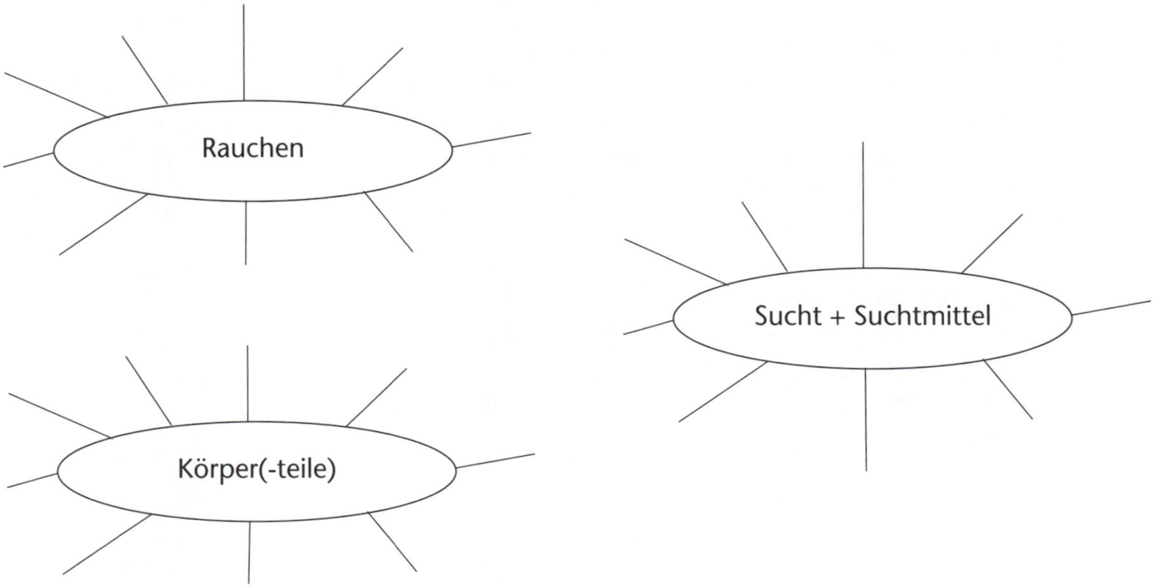

Wähle eins der drei Themen aus und schreib einen kleinen Text mit den Wörtern, die du gesammelt hast.

b Ergänze das passende Nomen aus der Wortliste – wenn nötig, mit Artikel.

1 Petra findet sich zu dick und möchte deshalb ________________ machen.

2 Viele Männer trainieren übermäßig viel, obwohl sie schon einen großen ________________ haben.

3 Andreas Niedrig war nicht einfach nur ein erfolgreicher Sportler. Er ist bis in die ________________ aufgestiegen.

4 Sportler, die wirklich Talent haben und genug trainieren, können ________________ machen.

5 Nach Aussagen von ________________ ist die Sportsucht bei Männern genauso verbreitet wie Essstörungen bei Frauen.

6 Wenn jemand abhängig ist, kann man ihn meist auch nicht mit logischen ________________ von seinem Laster abbringen.

7 Süchtige fühlen sich nur wohl, wenn sie einen ________________ an Suchtmitteln im Haus haben.

8 Es ist seit Langem bekannt, dass viele Hormonpräparate, die Sportler nehmen, schwere ________________ haben.

9 Der Extremsportler möchte durch seinen Sport ________________ und Glücksgefühle haben, wie sie auch der Drogensüchtige hat.

22 Adjektive

a Kreuzworträtsel: Finde das passende Adjektiv. Das Lösungswort nennt einen Zustand, der bei Suchtverhalten auftritt. (ä = ä, ö = ö, ü = ü, ß = ss)

1 man überlegt oft und lange: *nachdenklich*
2 man tut etwas und erreicht nichts damit; man tut es …
3 eine Krankheit, die zum Tod führt, ist …
4 Medikamente ohne spürbare Nebenwirkungen sind gut …
5 eine Person, die viel und hart arbeiten kann, ist …
6 etwas ist sehr stark und intensiv
7 mit Genuss
8 man verhält sich moralisch korrekt
9 nach einer Entziehungskur nimmt man wieder Drogen; man wird …
10 über das normale Maß hinaus
11 zu viel Alkohol ist nicht gut für die Gesundheit; er ist …
12 man nimmt Drogen und wird …

1 _ A _ _ _ _ _ _ _ _ _ _
2 _ _ _ _ _ B _ _ _ _
3 _ _ _ _ _ _ H
4 _ _ _ _ _ Ä _ _ _ _ _
5 _ _ _ _ _ _ N _ _ _ _ _ _ _
6 _ _ _ _ _ G
7 _ _ _ _ _ _ _ I _ _
8 _ _ _ _ _ _ _ _ G
9 _ _ _ K _ _ _ _ _ _
10 _ _ E _ _ _ _ _ _ _
11 _ _ _ _ _ _ I _ _
12 _ _ _ _ T _ _

Alle diese Adjektive enden auf -ig oder -lich. Von welchen Wörtern sind die Adjektive abgeleitet?

b **Notiere aus der Spalte „Adjektive" der Wortliste alle Partizipien (Partizip I und II) und ergänze die Lücken in den Sätzen unten.**

Partizip I	**Partizip II**

1 Sportler müssen strenge Ernährungsregeln beachten und regelmäßig trainieren. Sie müssen wirklich sehr ________________ sein.

2 Ali war bei den meisten Schülern ________________ und ________________ .

3 Die Warnung vor gesundheitlichen Schäden, die auf den Zigarettenschachteln steht, soll ________________ wirken.

4 Ich finde deine Argumente nicht besonders ________________ .

5 Sie trägt am liebsten eng ________________ Hosen.

6 Viele Schüler fühlen sich in der Schule total ________________ , weil so hohe Leistungen von ihnen erwartet werden.

7 Wegen der ________________ Schönheitsideale wollen viele Männer Muskelpakete aufbauen.

8 Um Höchstleistungen zu erreichen, nehmen manche Sportler ________________ Hilfsmittel.

9 Einige junge Leute gehen täglich ins Sportzentrum, um fit und ________________ zu sein.

23 Ausdrücke

Ersetze den Ausdruck durch einen Ausdruck aus der Wortliste.
Wie heißt der unterstrichene Ausdruck in deiner Muttersprache?

1 Als ich die Torte sah, bekam ich großen Appetit darauf.

____

2 Ich habe das Problem unter Kontrolle.

____

3 Ich möchte mich von dir trennen.

____

4 Ich trainiere viel und bin erfolgreich.

____

5 Sie hat es ohne fremde Hilfe geschafft.

____

6 Wir mögen uns gar nicht.

____

7 Der Anruf des Schulleiters hat die Eltern sehr erschreckt und besorgt gemacht.

____

8 Er geht seinen früheren Freunden aus dem Weg.

____

9 Sie hat mir gesagt, dass ich die Sache unbedingt bis übermorgen erledigen muss.

____

10 Er hat getan, was er konnte und hat nicht aufgegeben.

____

11 Die Arbeitsbedingungen änderten sich ganz plötzlich.

____

Lernerfolgskontrolle

Das habe ich in Lektion 7 gelernt:		Wo?	Ich kann es jetzt.*			
			1	2	3	4
Lesen	in Texten wichtige Einzelinformationen verstehen		■	■	■	■
	kann die Meinung/Einstellung anderer mit eigenen Worten wiedergeben		■	■	■	■
Hören	komplexe Informationen in Hörtexten verstehen		■	■	■	■
Schreiben	Notizen zu einem Thema machen		■	■	■	■
	selbst einen Leserbrief schreiben		■	■	■	■
	einen Hörtext schriftlich nacherzählen		■	■	■	■
	Sätze und Inhaltspunkte miteinander verbinden (s. Schreibtraining)		■	■	■	■
	Ausdrucksfehler vermeiden		■	■	■	■
Sprechen	über Sucht und Abhängigkeit sprechen, Lösungen vorschlagen		■	■	■	■
	persönliche Meinung äußern, mit Argumenten stützen, Ratschläge geben		■	■	■	■
	sich an Gesprächen beteiligen		■	■	■	■
	einen kurzen Text mit eigenen Worten wiedergeben		■	■	■	■
Internet	im Internet gezielt Informationen zum Thema finden		■	■	■	■
Aussprache	–					
Grammatik	doppelte Konjunktionen		■	■	■	■
	konzessive Angaben		■	■	■	■
	Vorvergangenheit		■	■	■	■
	Redewiedergabe in der Gegenwart		■	■	■	■
Wortschatz	Wortschatz zum Thema „Sucht und Abhängigkeit“		■	■	■	■

* Notiere, was auf dich zutrifft.

1 = **SEHR GUT** (fast keine Fehler)
2 = **GUT** (wenige Fehler)
3 = **ZIEMLICH GUT** (mehrere Fehler)
4 = **NOCH NICHT SO GUT** (viele Fehler)

1 Was passt zusammen? Manchmal gibt es mehrere Lösungen.

KB → nach A1d

Beispiel: *Wen das betrifft, der sollte sich genau darüber informieren.*

1 ~~Wen das betrifft,~~
2 Wer etwas für die Umwelt tun möchte,
3 Wer die Schauspieler persönlich kennenlernen will,
4 Wem der Führerschein entzogen wird,
5 Wen man beim Stehlen im Supermarkt erwischt,
6 Wer oft Sport treibt,
7 Wem das nicht gefällt,
8 Wer eine Freikarte möchte,
9 Wen dieses Thema interessiert,
10 Wer das nicht glaubt,

a hat gewöhnlich eine bessere Kondition als andere.
b der sollte selbst Vorschläge machen, statt nur zu meckern.
c ~~der sollte sich genau darüber informieren.~~
d kann in einem Umweltverein mitarbeiten.
e darf sich eine Weile überhaupt nicht ans Steuer setzen.
f der wird auf jeden Fall dafür bestraft.
g kann Mitglied in einem Fanklub werden.
h soll bis morgen Abend das Kartenbüro anrufen.
i ist selbst schuld!
j der kann sich im Internet darüber informieren.

1	2	3	4	5	6	7	8	9	10
c									

2 Verbinde die Sätze miteinander.

KB → nach A1d/Fortsetzung

1 Manche Leute sind immer müde und abgespannt. Sie sollten mal zum Arzt gehen.
Wer immer müde und abgespannt ist, sollte mal zum Arzt gehen.

2 Jemand ist verliebt. Er sieht die ganze Welt durch eine rosa Brille.

____

3 Jemand hat Streit mit einem Mitschüler. Er kann zur Streitschlichtung gehen.

____

4 Manchen Jugendlichen geht ihr Taschengeld schon vor Monatsende aus.
Sie könnten mal ein Haushaltsbuch führen.

____

5 Man möchte sich über Outfit, Sport und Lifestyle informieren. Man kann zur YOU BERLIN gehen.

____

6 Manche interessiert Musikunterricht nicht. Sie können ein anderes Fach wählen.

____

7 Jemandem ist schon mal sein Handy gestohlen worden. Er passt besonders gut darauf auf.

____

8 Jemand geht in zwanzig verschiedene Geschäfte. Er kann sich am Ende nicht mehr entscheiden.

____

9 Manche waren schon im Ausland. Sie haben gewöhnlich mehr Interesse an Fremdsprachen.

____

10 Einigen schmeckt der Kartoffelsalat. Sie können sich noch eine Portion nehmen.

____

3 *KB → nach A1* *37–40*

Interview mit Diana, 16

Hör das Interview und korrigiere die falschen Aussagen.

1 Diana schwärmt für einen jungen Sportler.
2 Für Diana ist ein guter Charakter wichtiger als das Aussehen.
3 Diana hat bisher noch mit niemand über den Jungen gesprochen, für den sie schwärmt.
4 Für Diana ist es normal, dass Jungen beim Kennenlernen die Initiative ergreifen.
5 Jungen macht es nicht so viel aus, wenn sie von einem Mädchen einen „Korb" bekommen.
6 Diana möchte gern gemeinsam mit ihrem Freund Zukunftspläne machen.
7 Dianas Eltern wollen nicht, dass ihre Tochter eine feste Beziehung hat.
8 Diana findet es abstoßend, wenn Jungen schlecht über Mädchen reden.
9 Diana erwartet von einem Jungen, dass er ihr absolut treu ist.
10 Wenn ihr Freund nicht treu wäre, würde sie auch mit anderen Jungen flirten.

4 *KB → nach A1/Fortsetzung*

Wer passt zu mir?

a Stell dir vor, du suchst für fünf Frauen, die jeweils einen Mann kennenlernen wollen, eine geeignete Anzeige.

Es handelt sich um folgende Frauen:

1 eine 33-jährige Managerin, die in ihrer Freizeit in einer Jazz-Band mitspielt
2 eine Enddreißigerin, die sich nach ihrer Scheidung für sich und ihren Sohn eine neue Familie wünscht
3 eine Frau Mitte dreißig, die einen anpassungsfähigen Partner für den Sommerurlaub sucht
4 eine Philosophiestudentin, die nach dem Sinn des Lebens sucht
5 eine Frau, die sich für den Umweltschutz engagiert und von ihrem Partner eine ähnliche Einstellung erwartet

Assoziiere zu jeder der fünf Frauen etwa vier bis fünf Begriffe, die sie in ihrer jetzigen Situation charakterisieren,
zum Beispiel: *1 Betrieb – viel beschäftigt – musikbegeistert – ...*

b Lies die Anzeigen und such nach ähnlichen Begriffen. So findest du am besten Männer, die zu den Frauen passen. Vorsicht! Es gibt nicht für jede Frau einen passenden Mann.

A Bindungsscheu – suche Freundin und keine feste Bindung. Bin 31, mit begrenzter Zeit und suche jüngere oder ältere weltoffene Dame, die wie ich gerne in Sternerestaurants, Theater, Oper oder Biergarten geht und mich mit ihren sportlichen Aktivitäten ansteckt. Zuschriften bitte nur mit Bild unter G84 ZV 9014355

B Im schönen Seen-Gebiet im Chiemgau kann man wunderbar wandern, spazieren gehen, sich entspannen. Hier wohne ich, 40/176, wieder allein, häuslich, humorvoll und wünsche mir eine liebe, herzliche, gemütliche Partnerin zum Aufbau einer dauerhaften Beziehung. Zu zweit ist doch alles viel schöner und leichter! Wenn du den Weg gemeinsam mit mir gehen möchtest, schreib mir! G85 ZV 188756

C Du magst Bücher, möchtest über Gott und die Welt reden und suchst außerdem einen einfühlsamen Partner? Dann sollten wir herausfinden, welche Gemeinsamkeiten wir noch haben. In jedem Fall freue ich mich darauf, dich kennenzulernen. Schreib an den Verlag unter G87 ZV 222453

D Steinbock, Anfang 40, gut aussehend, mit Niveau, 188 groß, sucht nette SIE, gerne aus Osteuropa, um mit ihr romantische Stunden zu erleben. Bei gegenseitigem Gefallen auch Dauerbeziehung möglich. Diskretion garantiert. Bitte nur Bildzuschriften unter G84 ZV 664955

E Ruhiger, toleranter Mann, 37/183, schlank, Nichtraucher, gebildet, sehr naturverbunden, sucht ebensolche Partnerin, mit der er zusammen seine Träume von einer besseren Welt verwirklichen kann. Alter ist nicht entscheidend, Sympathie und gemeinsame Interessen sind ausschlaggebend. Wenn DU auch so denkst, schreib mir unter G88 ZV 795855. Jede ernst gemeinte Zuschrift wird beantwortet.

F

Wo ist sie, die Traumfrau bis Anfang dreißig, die ledig und ohne Kinder ist? Sie sollte außerdem gesund, fleißig und ehrlich sein und von Herzen lachen können. Ich bin 35, groß und schlank und – wie viele meinen – gut aussehend. In unserem Familienunternehmen bin ich engagiert tätig und treibe zum Ausgleich Sport (Tennis, Ski) und gehe in Konzerte (Klassik, Jazz). Für die schönen Dinge des Lebens habe ich eine Schwäche. Zuschriften unter G82 ZV 229066

G

Sascha, 31/182, junger Akademiker, toll aussehend, blond mit blauen Augen, peppig, schlank, sportlich. Ein liebenswerter, intelligenter und erfolgreicher Mann, dem Zärtlichkeit und Gefühle über alles gehen. Sein größter Wunsch ist eine Beziehung, in der Romantik und Vertrauen nicht fehlen. Du brauchst nichts zu haben außer einem ehrlichen Charakter und einem fröhlichen Wesen. Trau dich und komm in meine Arme! Für mich zählt deine Herzensbildung, nicht deine Schulbildung. G87 ZV 275530

H

Alleinerziehender Vater mit einsamem Herzen, 40/180/85, und 8-jähriger, (meist) lieber Tochter, möchte sich in liebevolle, ehrliche und treue Partnerin mit Familiensinn verlieben. Du solltest bis 40 Jahre alt, nicht größer als 1,75 und mittelschlank sein. Kind kein Hindernis. Nur ernst gemeinte Zuschriften, wenn möglich mit Bild, unter G87 ZV 253009

5 Schreibtraining: Inhaltliche Ausführlichkeit

In der Zeitung hast du folgende Meldung gelesen:

Über 16 Millionen Deutsche waren im vergangenen Jahr mithilfe von Kontaktanzeigen in der Zeitung oder im Internet auf der Suche nach einer Beziehung. Ist unsere Gesellschaft so arm geworden, dass sie nur noch auf diesem Weg Kontakte schaffen kann?

Der folgende Leserbrief ist eine Reaktion auf diese Meldung. Er besteht aus weniger als 100 Wörtern und ist damit zu kurz; er sollte mindestens doppelt so lang sein.

Sehr geehrte Damen und Herren,

ich habe Ihre Meldung gelesen und war etwas überrascht, dass in Deutschland so viele Menschen auf diese Art jemanden kennenlernen wollen. Ich habe zwar keine Zahlen über Italien vorliegen, aber hier sind es wahrscheinlich deutlich weniger. Man lernt Leute bei der Arbeit kennen oder über Freunde und Bekannte.
Natürlich wird es in zunehmendem Alter immer schwieriger und vielleicht wäre ja da das Internet eine Lösung.
Ich persönlich würde aber nie auf eine Kontaktanzeige antworten oder selbst eine schreiben. Das finde ich problematisch.

Mit freundlichen Grüßen
Flavia P.

Schreib den Leserbrief neu, indem du die unten stehenden Inhaltspunkte ausführlicher bearbeitest. Du kannst die im Brief angesprochenen Gedanken verwenden.

- Warum schreibst du?
- Was hältst du von dieser Art von Kontakten?
- Wie verhält es sich in deinem Heimatland mit Kontaktanzeigen in der Presse und im Internet?
- Wie kann man auf andere Art Kontakte knüpfen und Beziehungen schaffen? Beachte dabei auch die verschiedenen Altersgruppen.

6 Ist heiraten „out"?

KB → nach A1/Fortsetzung

Lies den kurzen Text und gib ihn mit deinen eigenen Worten wieder.

Die Zahl der Menschen, die sich das Ja-Wort fürs Leben geben, ist in Deutschland weiter rückläufig. Zwar äußerte sich in einer Umfrage unter jungen Leuten zwischen 16 und 29 Jahren die absolute Mehrheit für ein Zusammenleben mit einem Partner/einer Partnerin, sie wollen dies aber in den meisten Fällen nicht mit einer Eheschließung legalisieren. Als häufigster Grund wird die wirtschaftliche Unsicherheit genannt, die eine langfristige Planung erschwere.

Im Text steht, ...
Ich möchte folgendes Beispiel anführen: ...
Nach meiner Auffassung ... / Ich finde(,) ...

Welche Meinung hast du persönlich zu dieser Aussage? Welche Beispiele fallen dir dazu ein?

7 Es war einmal ein Mädchen, das lebte in einem kleinen Häuschen im Wald ...

KB → nach A2f

Ordne den Sätzen, die unten stehen, Sätze aus dem Kasten zu.
Verbinde die Sätze mit *so ..., dass/sodass.*

Es war sehr arm und verlassen.	Sie waren vom Hausbesitzer auf die Straße gesetzt worden.
~~Es war ganz allein auf der Welt.~~	Es weinte furchtbar.
Das Mädchen gab ihm sein Kleidchen.	Er konnte seinen Hunger stillen.
Es wurde ganz mit Silbermünzen bedeckt.	Er konnte sich kaum mehr auf den Beinen halten.
Es hatte genug Geld bis an sein Lebensende.	Sie hatten ein Dach über dem Kopf.
Alle liebten es.	

1 Seine Eltern waren gestorben. *Es war ganz allein auf der Welt.*
→ Seine Eltern waren gestorben, sodass es ganz allein auf der Welt war.

2 Das Mädchen war sehr nett und hilfsbereit. ______
Das Mädchen war ______.

3 Niemand sorgte für das Mädchen. ______
Niemand ______.

4 Eines Tages traf es einen alten Mann im Wald, der vor Hunger ganz schwach war.
______
Der alte Mann war vor Hunger ______.

5 Es schenkte ihm ein Stück Brot und Beeren. ______
Es schenkte ihm ______.

6 Dann traf das Mädchen eine Familie im Wald. Sie konnte die Miete nicht mehr bezahlen.
______
Die Familie konnte die Miete ______.

7 Das Mädchen schenkte ihnen sein Häuschen. ______

Das Mädchen schenkte ______ .

8 Dann traf das Mädchen im Wald ein Kind, das keine Kleider hatte und schrecklich fror.

______

Das Kind fror ______ .

9 Das Mädchen hatte nun gar nichts mehr und war ganz verzweifelt. ______

Das Mädchen war ______ .

10 Da fing es an zu regnen. Und der Regen bestand aus lauter Silbermünzen, die auf das Mädchen herabfielen. ______

Die Silbermünzen fielen auf das Mädchen herab, ______ .

11 Das Mädchen war nun sehr reich. ______

Das Mädchen war ______ .

8 Forme die Sätze um wie im Beispiel.

KB → nach A2f/Fortsetzung

1 Sie war so lange krank, dass sie den Kurs wiederholen musste.

Sie war sehr lange krank. Infolgedessen musste sie den Kurs wiederholen.

Infolge ihrer langen Krankheit musste sie den Kurs wiederholen.

2 Es regnete stark und anhaltend. Infolgedessen gab es Überschwemmungen.

______

______

3 Infolge einer Knieverletzung konnte er nicht an dem Wettkampf teilnehmen.

______

______

4 Er fuhr so schnell, dass er die Kontrolle über das Fahrzeug verlor.

______

______

5 Die Erde erwärmt sich. Infolgedessen schmelzen die Gletscher.

______

______

6 Infolge seiner langen Abwesenheit verlor er viele Freunde.

______

______

9 Was steht in den Entschuldigungsschreiben von Schülern?

KB → nach A2f/Fortsetzung

Lies die Entschuldigungen auf den Zetteln. Schreib dann selbst lustige Entschuldigungsbriefe und benutze dazu die Ausdrücke im Kasten.

Sehr geehrter Herr Oberstudienrat!

Infolge einer längeren Party gestern Abend ist Stefan heute im Unterricht sehr müde. Ich bitte, dies zu entschuldigen!

Mit freundlichen Grüßen
der Vater von Stefan

Sehr geehrter Herr Oberstudienrat!

Leider musste Stefan gestern Abend zu einer Party gehen. Infolgedessen ist er heute in der Schule sehr müde! Ich bitte, dies zu entschuldigen!

Mit freundlichen Grüßen
der Vater von Stefan

1 sich mit dem Bruder prügeln / ein blaues Auge haben
2 den ganzen Nachmittag auf dem Sportplatz verbringen / keine Hausaufgaben machen
3 nicht aufstehen wollen / zu spät zum Unterricht kommen
4 viele Vorbereitungen für die Party am Wochenende / unkonzentriert sein
5 bei Freunden übernachten / keine Hausaufgaben machen, Schultasche nicht mitbringen

10 Forme die Partizipialkonstruktionen in Relativsätze um.

KB → nach C

1 Die auf der Wiese versammelte 8. Klasse der Erich-Kästner-Schule will ein Floß bauen.
Die 8. Klasse der Erich-Kästner-Schule, die auf der Wiese versammelt ist, will ein Floß bauen.

2 Angestrebtes Übungsziel ist eine gut funktionierende Gruppe.
Das Übungsziel, das

3 Nur mit genau koordinierten Bewegungen kommt das Team ans Ziel.

4 Die teilnehmenden Schüler lösen die ihnen zugeteilten Aufgaben mit großem Erfolg.

5 An dem von der Fachhochschule durchgeführten Planspiel nehmen einige Auszubildende teil.

6 In diesem Spiel arbeiten die Jugendlichen in miteinander konkurrierenden Firmen.

7 Sie diskutieren mit Gewerkschaften über die ständig steigenden Lohnkosten und müssen veraltete Technik ersetzen.

____

____

8 Als es um entlassene Mitarbeiter geht, reagieren die Jugendlichen eher emotional als sachlich.

____

____

9 Die Jugendlichen sollen lernen, vorgeschlagene Lösungen unvoreingenommen zu prüfen.

____

____

11 Aussprachetraining: lange und kurze Vokale

KB → nach D2

(s. dazu auch AusBlick 1, Arbeitsbuch, S. 49)

a Sprich die Wörter. Wo wird der betonte Vokal lang (–), wo wird er kurz (·) gesprochen? Schreibe die Zeichen über die Wörter/Silben.

Täter – Verlust – schmerzlich – wagemutig – Ziel – Opfer – Absicht – Ehrlichkeit – Beschwerde – Bewegung – ewig – meckern – entstehen – Vermittler – überleben – versammeln – frieren – Kraft – Lippe – verlieben

41

Hör dann die Wörter und kontrolliere deine Aussprache.

b Lies die Texte im Kursbuch auf S. 100 (A1). Achte dabei besonders auf die langen und kurzen Vokale.

12 Aussprachetraining: *r*

42

a Hör die Wörter. Wo hört man ein *r*?

1 ☐ ____________	7 ☐ ____________
2 ☐ ____________	8 ☐ ____________
3 ☐ ____________	9 ☐ ____________
4 ☐ ____________	10 ☐ ____________
5 ☐ ____________	11 ☐ ____________
6 ☐ ____________	12 ☐ ____________

Hör die Wörter noch einmal und notiere sie neben den Kästchen.

b Lies den Text im Kursbuch auf S. 102 (A2, c), Zeile 1–20 laut und achte dabei besonders auf die Aussprache von *r*.

LERNWORTSCHATZ

Verben

etw. abbauen
etw. abstimmen
etw/jdn. anregen
antreten gegen (Akk) (trat an, ist angetreten)
jdm. auffallen (fiel auf, ist aufgefallen)
auftauchen
auftreten (trat auf, ist aufgetreten)
sich auseinandersetzen mit (Dat)
etw. aushandeln
etw./jdn. bedecken
etw. bewältigen
etw. bewirken
etw. bremsen
jdm. davonlaufen (lief davon, ist davongelaufen)
eingehen auf (Akk) (ging ein, ist eingegangen)
sich einigen
etw. einschätzen
etw. empfinden (empfand, empfunden)
jdn. entlassen (entließ, entlassen)
etw./jdn. entlasten
entstehen (entstand, ist entstanden)
sich entzweien
sich ergeben (ergab, ergeben)
etw. erreichen
etw. erschweren
etw./jdn. ersetzen
etw. fördern
etw. fortsetzen
frieren (fror, gefroren)
etw./jdn. heilen
etw. herbeiführen
sich heraushalten aus (Dat) (hielt heraus, herausgehalten)
sich hineinversetzen in (Akk)
kämpfen um (Akk)
konkurrieren mit (Dat)
sich lohnen
meckern
etw. mindern
jdm. nachlaufen (lief nach, ist nachgelaufen)
jdm. nachtrauern
etw./jdn. respektieren
schwärmen für (Akk)
stattfinden (fand statt, stattgefunden)
sich streiten mit (Dat) (stritt, gestritten)
teilnehmen (nahm teil, teilgenommen)
etw. überleben
etw. übertragen (übertrug, übertragen)
umgehen mit (Dat) (ging um, ist umgegangen)
etw. verbinden (verband, verbunden)
sich verhalten (verhielt, verhalten)
etw. verheimlichen
sich verlieben in (Akk)
etw. vermeiden (vermied, vermieden)
sich versammeln
sich versöhnen mit (Dat)
etw. verteilen
sich vertragen (vertrug, vertragen)
etw. verursachen
vorankommen (kam voran, ist vorangekommen)
etw. vorschlagen (schlug vor, vorgeschlagen)

Nomen

die Absicht, -en
der Abstand, Abstände
der Anteil, -e
der Austausch
der Auszubildende, -n
die Berechtigung, -en
die Beschimpfung, -en
die Beschwerde, -n
die Bewegung, -en
die Bewertung, -en
die Beziehung, -en
die Ehrlichkeit
die Erfolgsbilanz, -en
die Erfrischung, -en
der/die Fachmann/-frau, Fachleute
das Gehirn, -e
die Geldstrafe, -n
die Gewalt
die Gewerkschaft, -en
der Hausbesitzer, -
die Herausforderung, -en
der Hormonspiegel
die Klassengemeinschaft, -en
die Kondition
der Kontrahent, -en
die Kraft, Kräfte
der Kreislauf, -läufe
der Liebeskummer
die Lippe, -n
Lohnkosten (Pl)
die Nahrung
das Opfer, -
das Planspiel, -e
der Puls
der Richter, -
die Schlägerei, -en
der Speichel
das Steuer, - (im Auto!)
der Stoffwechsel
die Strecke, -n
der Streithahn, -hähne
der Streitschlichter, -
der Täter, -
die Teamfähigkeit
die Verlagskauffrau, -en
der Verlust, -e
der Vermittler, -
das Vertrauen
die Voraussetzung, -en
der Zahnschmelz
das Ziel, -e

Adjektive und Adverbien

***** wird nur als Adverb gebraucht*

abgespannt
abstoßend
angespannt
anschließend
außerordentlich
ausgeglichen
ausgerechnet*
befreundet
beteiligt
chronisch
eifersüchtig
erfreulich
erschöpft
ewig
freiwillig
friedlich
gegenseitig
gemeinsam
gleichzeitig
hierarchisch
koordiniert
langfristig
locker
offiziell
reif
rückläufig
sachlich
schmerzlich
schüchtern
schuld
selbstbewusst
sprunghaft
stabil
stressanfällig
treu
unangenehm
unvoreingenommen
vergänglich
verzweifelt
vorsichtig
wagemutig
zurzeit*

Ausdrücke

sich nichts anmerken lassen
es ist aus
nichts zu befürchten haben
sich kaum mehr auf den Beinen halten können
sich persönlich betroffen fühlen
ein Dach über dem Kopf haben
da muss man (einfach) durch
eine Ehe schließen
eine Entscheidung treffen
entsprechend (+ Dat)
etw. ernst nehmen
Freundschaft schließen mit (Dat)
jdm. den Führerschein entziehen
Gewinn erzielen
Kontakte knüpfen
einen Korb bekommen
da ist guter Rat teuer
recht/unrecht haben
jdn. zur Rede stellen
Rücksicht nehmen auf (Akk)
eine/die Schlussfolgerung ziehen
in Schwung kommen
einen Streit schlichten
es spricht sich herum
ein gutes/schlechtes Verhältnis haben zu (Dat)

13 Verben

a **Eine Bekannte/ein Bekannter hat sich mit ihrem Freund/seiner Freundin gestritten. Was würdest du in diesem Fall tun? Begründe in einem Gespräch mit ihr/ihm deine Meinung.**

Beispiel: *Ich würde mich wieder mit ihm versöhnen, weil er eigentlich sehr nett ist / viele gute Eigenschaften hat.*

Ich würde
- ~~mich wieder mit ihm/ihr versöhnen~~
- mich ganz besonders nett ihm/ihr gegenüber verhalten
- ihm/ihr erklären, was ich für ihn/sie empfinde
- versuchen, mehr auf ihn/sie einzugehen
- ein klärendes Gespräch mit ihm/ihr herbeiführen
- seine/ihre Meinung respektieren
- strittige Themen vermeiden
- mich mit den Gründen für den Streit auseinandersetzen
- einen Kompromiss vorschlagen
- ihm/ihr meine Gefühle verheimlichen
- ihm/ihr nicht nachlaufen
- ihm/ihr nicht nachtrauern
- mit ihm/ihr Schluss machen

b **Schreib einen Text, in dem du erklärst, wie du dich verhalten würdest und warum.**

14 Nominalisierung von Verben

Wusstest du das schon? In dieser Lektion hast du interessante Informationen über viele Themen bekommen. Ergänze die Sätze. Das Beispiel hilft dir dabei.

1 Reduzierung der Stressanfälligkeit durch Küssen

Ich wusste nicht, dass durch das Küssen die Stressanfälligkeit reduziert wird.

2 die konstruktive Auseinandersetzung der Streitschlichter mit den Problemen

Mir war nicht bekannt, dass Streitschlichter sich ____________________

____________________.

3 relativ lockere Bewältigung von Liebeskummer bei Jugendlichen

____________________, dass Jugendliche ____________________

____________________.

4 die längere Dauer von Küssen heute im Vergleich mit früher

____________________, dass Küssen ____________________

____________________.

5 harmonischer Verlauf von Freundschaften zwischen Mädchen und Jungen

________________, dass Freundschaften zwischen Mädchen und Jungen

________________________________.

6 positive Auswirkung von Streitschlichtungen auf das allgemeine Klima in den Schulen

________________, dass sich Streitschlichtungen ________________

________________________________.

7 Förderung der Klassengemeinschaft durch gemeinsame Projekte

________________, dass gemeinsame Projekte ________________

________________________________.

8 Schulung von Streitschlichtern in Arbeitsgemeinschaften

________________, dass Streitschlichter ________________

________________________________.

15 Nomen

Ergänze die passenden Nomen aus der Wortliste.

1 Im Moment hast du keine gute ____________. Du musst mehr trainieren!

2 Weil er so viel raucht, hat er häufig ____________ beim Treppensteigen.

3 Ihr habt uns sehr enttäuscht. Deshalb haben wir kein ____________ mehr zu euch.

4 Eine gute Zusammenarbeit mit den anderen Kollegen in der Firma ist eine der wichtigsten ____________. Deshalb ist in fast allen Unternehmen ____________ gefragt.

5 Die ____________ kämpft um höhere Gehälter und bessere Arbeitsbedingungen für die Arbeitnehmer.

6 Bei einer Schlägerei sind manchmal beide Seiten schuld, also nicht nur ____________, sondern auch ____________.

7 Drei gute Spieler haben die Mannschaft gewechselt. Das war ein schwerer ____________ für den Verein.

8 Es ist am besten, wenn du dich von ____________ beraten lässt. Sie sind auf diesem Gebiet am besten informiert.

9 Der neue Job verlangt viel Arbeit und Konzentration. Das ist eine echte ____________ für mich.

10 Wenn du hier parkst, musst du eine ____________ zahlen.

16 Wie heißt das Nomen?

1 die Entfernung zwischen zwei Punkten: *die Strecke*
2 damit lenken wir einen Wagen: ______
3 dieser Person gehört das Haus: ______
4 ich gebe dir etwas und du gibst mir etwas: ______
5 ein junger Mensch, der einen Beruf erlernt: ______
6 man sagt die Wahrheit, man lügt nicht: ______
7 man fühlt sich schwach und hat keine ______
8 das Recht, z. B. eine bestimmte Funktion auszuüben: ______
9 das Zusammengehörigkeitsgefühl der Schüler: ______
10 man hält fest, wie gut man gearbeitet hat und was man erreicht hat: ______

17 Welche Nomen aus der Wortliste passen zum Thema „Körper"?

Erkläre die Begriffe mit deinen eigenen Worten.

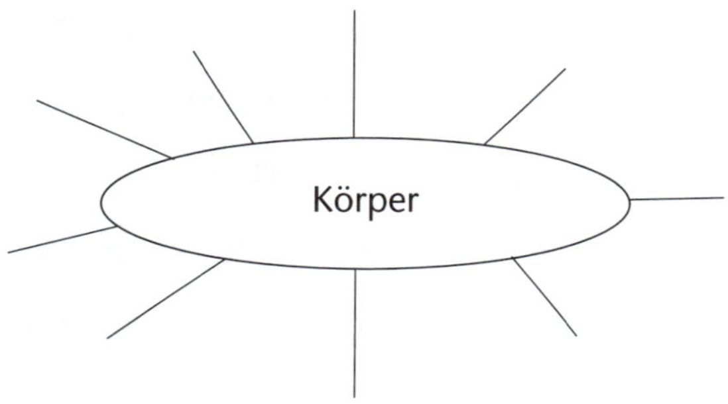

Zahnschmelz: eine Art Lack, mit dem der Zahn überzogen ist und der den Zahn schützt
Gehirn: ...

18 Adjektive

a Was passt zusammen? Ordne die Adjektive den Nomen zu. Es gibt mehrere Möglichkeiten.

selbstbewusste Typen

1 ~~Typen~~	a stressanfällig
2 Bewegungen	b stabil
3 Konstruktion	c sprunghaft
4 Neuigkeit	d hart
5 Gewohnheit	e eifersüchtig
6 Hormonanstieg	f schädlich
7 Personen	g koordiniert
8 Freund	h ~~selbstbewusst~~
9 Zahnschmelz	i erfreulich

b Ergänze die Ausdrücke aus a in der richtigen Form.

1 Im Planspiel treffen schüchterne auf *selbstbewusste Typen.*

2 Rauchen ist eine ______________________, das wissen alle.

3 Nina hat jetzt einen sehr ______________________, der sie ständig kontrolliert.

4 Beim Küssen kommt es zu erhöhter Körpertemperatur und

______________________.

5 ______________________ sorgt dafür, dass Zähne länger gesund bleiben.

6 ______________________ sollten so oft wie möglich küssen, weil das von negativen Gedanken befreit und ruhiger und lebensfroher macht.

7 Ich freue mich wahnsinnig, dass du im Lotto gewonnen hast! Das ist wirklich

______________________.

8 Weil die Füße der sechs Schüler mit Holzstangen verbunden waren, konnten sie nur mit genau ______________________ laufen.

9 Mit dem Floß sollen die Schüler den Fluss hinunterfahren, deshalb muss es eine sehr

______________________ sein.

19 Ergänze Adjektive mit gegensätzlicher Bedeutung aus der Wortliste.

1 zerstritten ≠ *befreundet*
2 vergänglich ≠ ______________
3 anziehend ≠ ______________
4 unschuldig ≠ ______________
5 schüchtern ≠ ______________
6 kurzfristig ≠ ______________
7 wagemutig ≠ ______________
8 zunehmend ≠ ______________
9 allein ≠ ______________
10 mit Gewalt ≠ ______________

20 Ergänze Ausdrücke aus der Wortliste

1 Die Situation ist total ausweglos. Da *ist guter Rat teuer!*
2 Der Arzt hat dir doch das Rauchen verboten! Du solltest seinen Rat wirklich ______________ !
3 Sie hat den ganzen Tag gearbeitet. Jetzt ist sie so erschöpft, dass sie ______________ .
4 Sarah hat hinter meinem Rücken Lügen über mich erzählt. Das lasse ich mir nicht gefallen, ich werde ______________ .
5 Als Mutter von zwei kleinen Kindern muss sie sich am Wochenende auch um ihre Familie kümmern und kann nicht immer für Greenpeace arbeiten. Ich finde, darauf sollte ______________ .
6 Bis du eine neue Wohnung gefunden hast, kannst du bei mir im Wohnzimmer schlafen, damit du wenigstens ______________ .
7 Harald ist traurig, weil seine Freundin ihn verlassen hat, aber er ______________ .
8 Er hat gleich zwei Mädchen angebaggert, aber ohne Erfolg! Von beiden ______________ .
9 So kann das nicht weitergehen, dass du heimlich mit mehreren Jungen befreundet bist. Du musst ______________ .
10 Wenn ihr die Wahrheit gesagt habt, braucht ihr keine Angst zu haben, dann ______________ .
11 Natürlich ist es schwer, allein mit zwei kleinen Kindern und einem Mann, der im Moment noch wenig verdient. Aber es ist ja nur für ein Jahr. Da ______________ .
12 Aufgrund seines übermäßigen Alkoholkonsums wurde ______________ .

Lernerfolgskontrolle

Das habe ich in Lektion 8 gelernt:		Wo?	Ich kann es jetzt.* 1	2	3	4
Lesen	in Texten wichtige Einzelinformationen verstehen		■	■	■	■
	die Einstellung/Meinung anderer erkennen und mit eigenen Worten wiedergeben		■	■	■	■
Hören	komplexe Informationen in Hörtexten verstehen		■	■	■	■
Schreiben	Notizen zu einem Text machen		■	■	■	■
	Leserbrief schreiben: Inhaltspunkte ausreichend bearbeiten (s. Schreibtraining)		■	■	■	■
Sprechen	über Beziehungen und Beziehungsprobleme, über Zusammenarbeit und Konfliktbewältigung sprechen, Lösungen vorschlagen		■	■	■	■
	Text mit eigenen Worten wiedergeben		■	■	■	■
	persönliche Meinung äußern, mit Argumenten stützen		■	■	■	■
	sich an Gesprächen beteiligen		■	■	■	■
	Ratschläge geben		■	■	■	■
	mithilfe von Notizen über ein Thema sprechen		■	■	■	■
Internet	im Internet gezielt Informationen zum Thema finden		■	■	■	■
Aussprache	lange und kurze Vokale		■	■	■	■
	Aussprache von *r*		■	■	■	■
Grammatik	Relativsätze (wer, wem, wen)		■	■	■	■
	konsekutive Angaben		■	■	■	■
	Vorvergangenheit		■	■	■	■
	Redewiedergabe in der Gegenwart		■	■	■	■
Wortschatz	Wortschatz zum Thema „Beziehungen“		■	■	■	■

* Notiere, was auf dich zutrifft.

1 = SEHR GUT (fast keine Fehler)
2 = GUT (wenige Fehler)
3 = ZIEMLICH GUT (mehrere Fehler)
4 = NOCH NICHT SO GUT (viele Fehler)

1 Was sagen die Befragten?

KB → nach A1a

Bilde – wo möglich – Sätze mit diesen Ausdrücken.

nur wenige einige/ein paar/mehrere/viele mehr/weniger	**befragte Bürger/Befragte**	sagen … sind der Meinung …
die meisten (fast) alle manche	**befragten Bürger/Befragten**	

Die meisten Befragten finden den Gesamteindruck wichtig, nicht das Detail.

2 Ergänze passende Adjektive aus dem Kasten in der richtigen Form.

KB → nach A1 Fortsetzung

> attraktiven ■ erfolgreiche ■ ernsthafte ■ ersten ■ fit ■ große ■ ~~gutes~~ ■ guter ■ harmonische ■ junge ■ meisten ■ nebensächlich ■ schönen ■ sportlich ■ starke ■ stromlinienförmigen ■ überraschend ■ wichtig

Die ________________ Menschen achten bei der ________________ Begegnung auf ein *gutes* Aussehen. Aber alle sind der Meinung, dass eine wirklich ________________ Beziehung nichts mit einem ________________ Äußeren zu tun hat. Schönheit ist sicher keine Garantie für eine ________________ Partnerschaft. ________________ ist vor allem ein ________________ Charakter.

Wer eine ________________ Beziehung anstrebt, der findet das Aussehen ________________ .

Für ________________ Männer spielt Aussehen allerdings eine ________________ Rolle.

Sie hätten gern eine Partnerin mit einem ________________ Körper.

________________ ist übrigens, dass das ________________ Geschlecht eher bereit ist, für einen ________________ Körper Opfer zu bringen. Außerdem treiben Männer mehr Sport als Frauen, um ________________ und ________________ auszusehen.

3
KB → nach GR2

Ergänze die fehlenden Endungen. Setze zusätzlich die Adjektive in den Klammern in den Komparativ und achte auch hier auf die Endung.

Wer gut___ aussieht, hat beim ander___ Geschlecht sicher ____________ (viel) Chancen als hässliche Menschen, weil Schönheit erst mal auffällt. Später spielt das keine groß___ Rolle mehr. Schön___ Menschen haben es weder ____________ (schwer) noch ____________ (leicht) als Menschen mit einem durchschnittlich___ Aussehen.

Nur wenige glauben übrigens, dass Beziehungen mit schön___ Menschen ____________ (harmonisch) sind als mit weniger schönen Menschen. Natürlich wird gut___ Aussehen nicht als Problem betrachtet, aber ander___ Dinge sind einfach ____________ (wichtig).

Frauen finden reich___ und im Beruf erfolgreich___ Männer ________ (attraktiv) als ander___. Erstaunlicherweise erweisen sich Männer als ____________ (eitel) als Frauen: Während nur etwa ein Drittel der Frauen zu einer Diät bereit ist, um ____________ (wenig) Gewicht auf die Waage zu bringen, ist diese Zahl bei Männern deutlich ____________ (hoch). Auch wird der Prozentsatz der Männer immer ____________ (groß), die sich für ihre Traumfrau einer Schönheitsoperation unterziehen würden.

4
KB → nach Gr2/Fortsetzung

Nominalisierte Adjektive

Aus Adjektiven können Nomen werden:

schön	→	die schöne Frau	→	die Schöne
körperbehindert	→	der körperbehinderte Mann	→	der Körperbehinderte
klein	→	das kleine Kind	→	das Kleine

Diese Nomen werden wie Adjektive dekliniert:
bei Plural mit bestimmtem Artikel: **die** Schöne**n**
bei Plural ohne Artikel: Körperbehinderte
im Genitiv: zu viel **des** Gute**n**

a **Finde das Adjektiv zu der Umschreibung.**
Setze dann das dazugehörige Nomen in der richtigen Form ein.

1 Ein Mensch, der nichts sieht, ist ein *Blinder.* ____________
2 Menschen, die das gleiche Alter haben, sind *Gleichaltrige.* ____________
3 Jemand, der die deutsche Staatsangehörigkeit hat, ist ____________.
4 Ein Mensch, der eine körperliche Behinderung hat, ist ein ____________.
5 Personen, die befragt worden sind, sind ____________.

6 Junge Menschen, die keine Kinder mehr und noch keine Erwachsenen sind, sind

____ .

7 Menschen, die miteinander verschwistert, verschwägert oder überhaupt verwandt sind, sind

____ .

8 Jemand, der seine Arbeit verloren hat, ist ein ______________________ .

9 Jemand, der gerade eine Reise macht, ist ein ______________________ .

b Finde eine Umschreibung zu den Nomen.

1 Ein Querschnittsgelähmter ist ein Mensch, der *nicht gehen kann.*

2 Kranke sind ______________________ .

3 Ein Bekannter ist ______________________ .

4 Angestellte sind ______________________ .

5 Ein Beamter ist ein Mann, ______________________ .

6 Verletzte sind Personen, die ______________________ .

7 Taubstumme sind ______________________ .

8 Ein Fremder ist jemand, der ______________________ .

9 Gleichaltrige sind Menschen, ______________________ .

10 Ein Anwesender ist ______________________ .

11 Ein Zivildienstleistender ist ______________________ .

5 Weibliche Idole von Jugendlichen

KB → nach GR2/Fortsetzung

Ergänze die fehlenden Endungen.

In einer international durchgeführt___ Umfrage wurde untersucht, welche weiblich___ Idole Jugendlich___ haben. Übrigens gaben viele Jugendlich___ an, kein weiblich___ Idol zu haben. In allen untersucht___ Ländern zählen Mütter sehr häufig zu den Idolen der Jugendlich___ , besonders in Indien. Viele ander___ weiblich___ Idole der schwedisch___ , deutsch___ , österreichisch___ und indisch___ 14- bis 17-Jährig___ stammen aus dem weiter___ Kreis der Verwandt___ . Slowakisch___ Jugendlich___ bezeichnen auch häufig Bekannt___ oder Freundinnen als Idol.

Deutsch___ , slowakisch___ und türkisch___ Jugendlich___ bewundern an ihren weiblich___ Idolen meist ihr gut___ Aussehen, beziehungsweise ihren Sex-Appeal. Schwedisch___ , österreichisch___ und indisch___ Jugendlich___ rechnen ihnen oft ihr sozial___ Engagement und ihre groß___ Hilfsbereitschaft hoch an. Die persönlich___ Beziehung zu ihren Idolen wird besonders von schwedisch___ , österreichisch___ und indisch___ Mädchen und Jungen geschätzt. Für deutsch___ Jugendlich___ zählt auch Selbstbewusstsein zu den wichtigst___ Eigenschaften ihrer weiblich___ Idole, für slowakisch___ Jugendlich___ dagegen eher eine sympathisch___ Ausstrahlung und für türkisch___ und indisch___ Jugendlich___ vor allem ein gut___ Charakter.

6 Ausdrücke mit Präpositionen

KB → nach B1f

(Wiederhole vorher die Ausdrücke mit Präpositionen aus Lektion 8).

a Ergänze die Sätze mit den Ausdrücken im Kasten.

zu einem Kompromiss	~~in den netten Jungen von nebenan~~	auf das Wetter
aus dem Streit	gegen schöne Männer	auf einen guten Charakter
für jüngere Männer	für eine erfolgreiche Partnerschaft	auf die Stimmung
um eine ernsthafte, tiefe Beziehung	auf alle ihre Freunde	in andere Menschen

1 Anna hat sich *in den netten Jungen von nebenan* verliebt.

2 Sie legt großen Wert ______________________ .

3 Wir sind ______________________ bereit.

4 Ich habe nichts ______________________ .

5 Schönheit ist keine Garantie ______________________ .

6 Es geht hier ______________________ .

7 Das gilt besonders ______________________ .

8 Es kommt ______________________ an.

9 Du solltest dich ______________________ heraushalten.

10 Sie kann sich gut ______________________ hineinversetzen.

11 Der lange Regen wirkt sich negativ ______________________ aus.

12 Er ist eifersüchtig ______________________ .

7 Ausdrücke mit Präpositionen

KB → nach B1f/Fortsetzung

Ergänze die Sätze wie im Beispiel. Benutze dazu die Ausdrücke im Kasten.

für den neuen Mitschüler	~~mit meinen Freunden~~	um den Sieg	nach dem Kick
mit euren Mitschülern	~~für eine ernsthafte Beziehung~~	an der hohen Handyrechnung	
von meiner Meinung	mit dem Jungen aus Berlin	an dem Projekt	

1 Ich möchte das Problem gemeinsam mit ihnen lösen – ich meine, gemeinsam *mit meinen Freunden.*

2 Du bist noch nicht reif dafür – ich meine, *für eine ernsthafte Beziehung.*

3 Alle Mädchen schwärmen für ihn – ich meine, ______________________ .

4 Viele Extremsportler sind süchtig danach – ich meine, ______________________ .

5 Du bist ganz allein schuld daran – ich meine, ______________________ .

6 Alle Sportler kämpfen darum – ich meine, ______________________ .

7 Ihr solltet euch wieder mit ihnen vertragen – ich meine, ______________________ .

8 Ich bin schon seit Jahren mit ihm befreundet – ich meine, ______________________ .

9 Wir sind alle daran beteiligt – ich meine, ______________________ .

10 Ich möchte dich gern davon überzeugen – ich meine, ______________________ .

8 Schade, dass du das nicht sehen kannst ...

KB → nach C2

Lies den Text und kreuze auf Seite 158 die richtige Antwort an. Es gibt jeweils nur eine richtige Lösung.

Anders zu sein ist nicht schlimm, sofern man sich nicht minderwertig fühlen muss

Der Zug ist wieder einmal gerammelt voll. Kurz entschlossen öffne ich die nächstliegende Abteiltür. „Ist hier noch ein Platz frei?", frage ich und warte geduldig, denn ich erhalte keine Antwort. Entweder ist das Abteil voll besetzt und man wundert sich, dass ich dennoch frage, oder aber es hat jemand zustimmend genickt, was ich nicht sehen kann.

Ich bleibe an der offenen Tür stehen und dann kommt eine Stimme vom rechten mittleren Sitzplatz. „Ja, einer." Welcher wohl? Der rechte mittlere Platz scheidet aus, da wären dann noch drei Möglichkeiten, denn auch die beiden Plätze an der Tür sind besetzt, wie ich aus den Geräuschen schließe. Rechts verstaut gerade jemand sein Gepäck und links blättert jemand in der Zeitung (oder in einem anderen Papier). Also trete ich vor und dann sagt dieselbe Stimme: „Der Platz neben mir." Ah, sehr hilfreich. Ich bedanke mich, falte meinen

Langstock zusammen und mache es mir mit meinem Organizer und dem angefangenen Krimi am Fensterplatz bequem. Es herrscht Stille. Vermutlich sind es alles Alleinreisende. Irgendwann sagt eine Frauenstimme auf dem Mittelplatz mir schräg gegenüber: „Schau mal Julia, ein Reh. Siehst du es?" Die Antwort bleibt aus. Nach einer Weile wird die Frage wiederholt, aber auch diesmal bleibt es still. Vielleicht ein Nicken? ...

Ich vertiefe mich wieder in meine Lektüre, versuche es wenigstens, bis die Frau erneut das Wort ergreift: „Schau mal, was für ein lieber Hund! Siehst du ihn?" Nach einer Weile kommt Julias leise Antwort: „Nein." Nichts weiter, aber ich glaube, in dem einen Wort nicht nur Enttäuschung, sondern beinahe so etwas wie Verzweiflung herauszuhören – oder bin ich etwa übersensibel?

Mein Interesse ist jedenfalls geweckt. Julia, die mir gegenübersitzt, hat offenbar Probleme mit dem Sehen und ihre Mutter versucht vermutlich herauszufinden, wie stark die Seheinschränkung tatsächlich ist. Die Frau seufzt. Auch sie ist offenbar enttäuscht. Genau wie Julia scheint sie das Empfinden zu haben, irgendwelchen Anforderungen nicht genügen zu können.

Ist Anderssein auch „normal"?

Das Erlebnis im Zug hat mir wieder einmal gezeigt, wie hilflos sowohl sehbehinderte Kinder als auch deren Eltern einer Behinderung gegenüberstehen. Sie sind ihren Emotionen ausgeliefert und erfahren außerdem durch die Reaktion der Umwelt auch noch das Gegenteil von Trost und Hilfe, nämlich Neugierde oder sogar Sensationslust. Das Bedauern dem „armen Kind" und den „schwer geprüften Eltern" gegenüber empfinden sie oft als zusätzliche schmerzhafte Last und manchmal hinterlässt auch ehrliche Anteilnahme bei den „Bedauerten" das unangenehme Gefühl, nicht der Norm zu entsprechen und somit einen Makel zu haben.

Ein Dank an meine Eltern

Ich erinnere mich gut an meine eigene Kindheit und Jugend und die Reaktion der Mitmenschen auf das Unglück, das meine Eltern getroffen hat. Man tat sich keinen Zwang an, sprach offen mit den Eltern über das „Objekt" des Dramas, auch wenn dasselbe dabei war.

„In welche Klasse geht sie denn?" Die Frage richtete sich an meine Mutter, nicht an mich, als wäre ich nicht nur sehbehindert, sondern auch in meiner Kommunikation eingeschränkt. Gefolgt von: „Gibt es denn keine Hilfe für ihre schlechten Augen?" ... Mama blieb immer gelassen. Sie hatte gelernt, mit solchen Situationen umzugehen und ich vermute, dass sie und mein Vater mit vielem ganz alleine fertig werden mussten. Heute nach so vielen Jahren ist meine Bewunderung für den Umgang meiner Eltern mit meiner Behinderung enorm groß. Aber heute bin ich auch in der Lage, die mir damals als indiskret und aufdringlich erscheinenden Fragen und Äußerungen der Menschen als Mitgefühl und den Versuch zu interpretieren, Anteil am schweren Schicksal meiner Eltern zu nehmen.

Als aufsässiger Teenie, der neben einer von der Gesellschaft als Stigma eingestuften Behinderung auch noch mit den Problemen der Pubertät kämpfte, hat mir allerdings jegliches Verständnis dafür gefehlt. Vielmehr hat es mir erst richtig deutlich gezeigt, dass ich abseits stand und nicht wirklich dazugehörte. Dies war vielleicht umso schmerzhafter für mich, als mich meine Eltern immer für „voll" genommen und mich nach Kräften nicht nur gefördert, sondern auch gefordert haben. Sie haben mir vom Kleinstkindalter an immer das Gefühl vermittelt, dass ich ihnen genüge und „ganz normal" bin, auch wenn ich manche Dinge nicht so gut kann wie andere. Das Gefühl, unzulänglich und „außerhalb der Norm" zu sein, haben mir die anderen vermittelt. Es hat mein an sich gut entwickeltes Selbstwertgefühl als Jugendliche stark reduziert und ist daher untrennbar mit meinen Pubertätsjahren verknüpft.

1 Warum setzt sich die Erzählerin nicht gleich auf einen freien Platz?
  A Weil sie während der Fahrt lieber stehen möchte.
  B Weil sie nicht selbstbewusst genug ist, um sich einen Sitzplatz zu erkämpfen.
  C Weil sie nicht sehen kann, ob es freie Plätze gibt.

2 Warum weiß sie in manchen Fällen, dass Plätze schon besetzt sind?
  A Aus Intuition.
  B Aufgrund bestimmter Geräusche, die die Menschen machen.
  C Die Leute haben dort ihre Gepäckstücke abgestellt.

3 Was erfahren wir über die Mitreisenden?
  A Es sind alles Alleinreisende.
  B Eine Frau reist zusammen mit einem kleinen Mädchen.
  C Die Leute wollen sich nicht unterhalten.

4 Nach Auffassung der Erzählerin stellt die Mutter Julia Fragen, weil …
  A sie Julias Sehkraft testen will.
  B Julia sehr schüchtern ist.
  C sie sich langweilt und Ablenkung sucht.

5 Wie empfinden sehbehinderte Kinder und ihre Eltern die Reaktion der Umwelt?
  A Sie haben den Eindruck, dass sie alle ein Gefühl der Zusammengehörigkeit verbindet.
  B Es tröstet sie, dass die anderen Menschen an ihrem Schicksal Anteil nehmen.
  C Es stört sie, dass sie für die anderen nur eine Attraktion sind.

6 Die Erzählerin erinnert sich daran, dass …
  A die anderen nur über Objekte sprachen, wenn sie dabei war.
  B ihr unangenehm auffiel, dass die Leute meistens über sie, aber nicht mit ihr redeten.
  C sie damals Probleme hatte, mit den Menschen zu kommunizieren.

7 Die Erzählerin ist heute der Meinung, dass …
  A die Mitmenschen damals zwar unsensibel waren, aber dies ohne böse Absicht.
  B es richtig ist, über solche Probleme offen und direkt zu sprechen.
  C ihre Eltern nicht mit ihrer Behinderung umgehen konnten.

8 Als sie in der Pubertät war,
  A verletzte es sie, nicht wirklich zu den „normalen" Menschen zu gehören.
  B hatte sie häufig Streit mit ihren Mitschülern.
  C konnte sie viele Dinge nicht tun, die für sie besonders wichtig waren.

9 Ihre Eltern …
  A brachten ihr bei, Verständnis für ihre Mitmenschen zu haben.
  B freuten sich, dass sie immer ein gesundes Selbstbewusstsein hatte.
  C behandelten sie immer wie eine ernst zu nehmende Person.

9

KB → nach C3

Schreibtraining – Ausdrucksfehler

Im folgenden Leserbrief sind eine Reihe von Ausdrucksfehlern, die schon unterstrichen sind.

Schreib das richtige Wort an den Rand. Wenn nötig, forme den ganzen Satz um.

Lerntipp
Weil Ausdrucksfehler zu den Fehlern gehören, die man schwer korrigieren kann, solltest du immer mit einem einsprachigen Wörterbuch arbeiten. Dabei ist es wichtig, sich mit den verschiedenen Bedeutungen eines Wortes zu beschäftigen. Notiere neue Wörter immer in einem Ausdruck oder Satz, niemals allein.

Sehr geehrte Damen und Herren der Redaktion,
ich habe Ihren Artikel „Integration – einmal umgekehrt" mit großem Interesse gelesen. Ich habe nämlich eine kleine Schwester, die also behindert ist. *ebenfalls* ______
Wir leben in Schweden, in einem genug kleinen Ort in der Ostsee. ______
Obwohl der Ort klein ist, gibt es eine Schule für Behinderte, die aber gleichzeitig nicht behinderten Kindern geöffnet ist. Trotzdem kann ______ man diese Schule gut mit Ihrer Realschule in Weingarten vergleichen.
Meine kleine Schwester hat eine einseitige spastische Lähmung.
Sie ist intelligent, aufgeschlossen und sie kann prima den Computer benutzen. Im Unterricht ist sie nicht selten besser als Nichtbehinderte, ______ vielleicht auch deshalb, weil ihr das Lernen besonders viel Freude macht. Nur wenn sie eine Prüfung geben muss, braucht sie mehr Zeit ______ als die anderen. Ihr Hauptproblem in der Schule ist, dass sie jemanden braucht, der mit ihr auf die Toilette geht und ihr hinterher auch beim Waschen hilft. Wenn man das Jugendlichen aus anderen Schulen erzählt, die niemals mit Behinderten zu tun hatten, finden die das ausgesprochen gewöhnlich. Da kann man dann auch mal blöde Witze ______ über „Spastis" hören! Sie wissen diese behinderten Kinder und ______ Jugendlichen nicht, sie können nicht einfallen, dass die auch gern ______ Musik hören und auch mal in die Disco möchten! Sie haben die gleichen Notwendigkeiten mit anderen jungen Leuten auch. Aber ______ das erfährt man nur, wenn man mit ihnen zusammen lebt. ______
Ich finde es ganz toll, dass es gleiche Projekte jetzt auch in Deutschland gibt. Sie sind für uns alle praktisch. Behinderungen sind nun mal ______ Teil unseres Lebens. ______
Eigentlich sollten wir Nichtbehinderten froh und herzlich sein. ______

Mit freundlichen Grüßen
Anja Hansen

10 Mündlicher Ausdruck: Foto auswählen

KB → nach C4

Wählt für einen Beitrag in einer Zeitschrift zum Thema „Junge Leute wie du und ich" eines der drei Fotos aus.
Benutzt dabei, soweit sinnvoll, die entsprechenden Redemittel (s. Lektion 5, Übung 8).

11 Was bist du für ein Typ? Welche Körpersprache benutzt du? Wie sehen dich die anderen? Schreib einen kurzen Text über dich.

KB → nach D

Ich glaube, ich bin (eher) .../ Ich bin ein ... Typ / Ich bin ein Typ, der ...
Ich weiß nicht genau, wie ich auf andere wirke ... / Meine Freunde sagen/behaupten, ... /
Auf andere wirkt das vielleicht ...
Es stimmt (nicht), dass ich ... / Ich bin nicht so ..., wie ich aussehe /
Am liebsten ... / Manchmal ... / Eigentlich ...

aggressiv ■ ausgeglichen ■ chaotisch ■ cool ■ fröhlich ■ gesellig ■ gut gelaunt ■ kritisch ■ lässig ■ lebhaft ■ locker ■ lustig ■ ruhig ■ schüchtern ■ selbstbewusst ■ (un)sicher ■ zurückhaltend

12 Aussprachetraining: *sp* und *st*

KB → nach D

Sprich die Wörter.

stören – Spaß – optimistisch – Stimme – Gestik – Rollstuhlfahrer – versprechen – erstaunlich – Fremdsprache – Leistung – Speisekarte – später – Kunst – Status – speichern – trösten – Ausstrahlung – Fußballspiel – Tourist – Sportart

43 **Hör die Wörter und kontrolliere deine Aussprache.**

13 Aussprachetraining: *s*

KB → nach D/Fortsetzung

a Sprich die Wörter. Achte auf die Aussprache von *s*.

Silber – Wasser – Rose – Sonne – müssen – sieben – Kurse – Silbe – Ereignis – leise – sagen – Gemüse – Nebensache – lassen – Seile – Eis – Moos – rasen – andererseits – versorgen

44 **Hör die Wörter und kontrolliere deine Aussprache.**

s		**Beispiele**
stimmhaft	am Silbenanfang vor einem Vokal	Sonne, versichern, Hose
stimmlos	am Silbenende vor t ss ß in Fremdwörtern aus dem Englischen	Zeugnis, Eis gestern, am kleinsten Flüsse, lassen Straßen, Stoß Softeis, sorry

b Sprich die Wörter.

Signal – sensibel – das – nebensächlich – verschlossen – eifersüchtig – lebenslang – problemlos – Sozialkompetenz – erweisen – Arbeitsplatz – hänseln – Fettabsaugen – lies! – ansehen – isoliert – indiskret – Zusammensetzung – Krankenkasse – Ausdruck

45 **Hör die Wörter und kontrolliere deine Aussprache.**

c Sprich die Wörter. Achte auf eine deutliche Unterscheidung des stimmhaften und des stimmlosen *s*.

1	Käse	Kasse
2	hassen	Hasen
3	lesen	lassen
4	Rasse	Rasen
5	Rose	Rosse
6	besser	Besen
7	Wasser	Weser
8	Muse	müsse
9	vermissen	vermiesen
10	Nässe	Nase
11	Pose	Posse
12	Wiese	Wissen

46 **Hör die Wörter und kontrolliere deine Aussprache.**

d **Lies den Text im Kursbuch, S. 116, B1b, Zeile 10–33. Achte dabei besonders auf** ***s, sch, sp*** **und** ***st.***

47–49 **Hör den Text und kontrolliere deine Aussprache.**

e **Lies das Gedicht.**

so ist es

so ist es
sagt man
ein baum zum beispiel
ist so
so ist ein baum

und ein baum ist nicht so
und alles ist nicht so

so ist es

(*Peter Bichsel*)

50 **Hör das Gedicht und vergleiche mit deiner Interpretation.**

LERNWORTSCHATZ

Verben

abweichen von (Dat) (wich ab, ist abgewichen)
etw. angehen mit (Dat) (ging an, angegangen)
ankommen auf (Akk) (kam an, ist angekommen)
etw. anpassen an (Akk)
etw. ansehen als (Akk) (sah an, angesehen)
etw. anstreben
etw. aufheben (hob auf, aufgehoben)
jdn. aufnehmen (nahm auf, aufgenommen)
auftreten (trat auf, ist aufgetreten)
etw. ausdrücken
sich auswirken auf (Akk)
jdn./etw. beachten
etw. befürworten
jdm etw. beibringen (brachte bei, beigebracht)
jdn. beurteilen
sich durchsetzen
eintreten (trat ein, ist eingetreten)
etw. empfinden als (Akk) (empfand, empfunden)
sich entschließen zu (Dat) (entschloss, entschlossen)
etw. erkämpfen
etw. erreichen
jdn./etw. ersetzen
sich erweisen als (Nom) (erwies, erwiesen)
etw. feststellen
gehen um (Akk) (ging, ist gegangen)
sich gewöhnen an (Akk)
jdn. hänseln
etw. interpretieren
leiden unter (Dat) (litt, gelitten)
profitieren von (Dat)
etw. stärken
jdn. stören
teilnehmen an (Dat) (nahm teil, teilgenommen)
sich trauen
sich trösten mit (Dat)
umgehen mit (Dat) (ging um, ist umgegangen)
etw. verbergen (verbarg, verborgen)
etw. verkleinern
etw. verraten (verriet, verraten)
sich verteidigen
etw. verursachen
sich verwachsen (verwuchs, verwachsen)
vorliegen (lag vor, vorgelegen)
sich wenden an (Akk) (wandte, gewandt)
etw. werten
etw. zulassen (ließ zu, zugelassen)

Nomen

die Akne
die Anziehungskraft
der Ausdruck
die Ausstrahlung
die Bedenkzeit
der Befragte, -n
die Begierde, -n
die Behandlung, -en
die Behinderung, -en
die Beleidigung, -en
die Bewegung, -en
der Einfluss auf (Akk), Einflüsse
das Engagement
die Entstellung, -en
das Fazit
das Fettabsaugen
der Folgeeingriff, -e
die Ganztagsschule, -n
der Gedanke, -n
das Gefühl, -e
das Gehirn, -e
die Gestik
die Haltung, -en
der Hingucker, -
die Integration
die Isolation
der Kopf, Köpfe
die Krankenkasse, -n
das Kriterium, Kriterien
der Komplex, -e
die Konvention, -en
die Körpersprache
die Leistung, -en
die Mehrheit, -en
die Mimik
die Mischung, -en
die Missbildung, -en
das Missverständnis, -se
der Multiplikator, -en
die Nasenkorrektur, -en
die Norm, -en
das Ohr, -en
die Pubertät
der Rollstuhlfahrer, -
das Schicksal, -e
der Schlauch, Schläuche
die Schönheitsoperation, -en
das Signal, -e
die Sozialkompetenz
die Starallüre, -n
der Status
die Stimme, -n
die Stimmung, -en
die Traumfigur
das Ventil, -e
der Widerwille
das Zeichen, -
der Zivildienstleistende, -n
der Zorn
die Zuneigung
die Zusammensetzung, -en

Adjektive und Adverbien

***** wird nur als Adverb gebraucht**

abgeschlagen
abstehend
anspruchsvoll
auffällig
aufgedonnert
aufmerksam
außergewöhnlich
benötigt
berechtigt
bereit zu (Dat)
bevorzugt
derzeit*
durchschnittlich
dynamisch
eifersüchtig auf (Akk)
eitel
erheblich
erstaunlich
ernsthaft
feindlich
fleißig
gefragt
gelähmt
gepflegt
gerechtfertigt
gering
gewöhnungsbedürftig
grundsätzlich
günstig
indiskret
integrativ
isoliert
knackig
körperbehindert
lebenslang
missgebildet
nebensächlich
offensichtlich
öffentlich
problemlos
sensibel
seriös
statisch
stromlinienförmig
suspekt
übereinstimmend
unbewusst
unglaubhaft
unüberlegt
unverfroren
verschlossen
umstritten
wütend auf (Akk)
zudem*

Konjunktionen

hingegen
wohingegen

Ausdrücke

Ablenkung suchen
Anteil nehmen an (Dat)
ins Auge fallen
etw. zum Ausdruck bringen
jdm. bewusst werden
jdm. die Daumen drücken
auf Distanz gehen
es besteht die Gefahr
etwas/nichts haben gegen (Akk)
konfrontiert sein mit (Dat)
hoch im Kurs sein/stehen
infrage kommen
etw./jdn. nicht leiden können
vorn liegen
unters Messer kommen
sich einer Operation unterziehen
ein Opfer bringen für (Akk)
jdn. zu Rate ziehen
jdn. zur Rede stellen
etw. richten lassen
aus etw. schließen auf (Akk)
seitens (Gen)
keine Spur von (Dat)
Vorurteile abbauen
um ihrer selbst willen
beim besten Willen (nicht)
etw. wörtlich nehmen

14 Verben

a Bilde mit den Präfixen möglichst viele Verben.
(Tipp: Siehe auch in der Wortliste zu Lektion 8 nach)

1	
an- **auf-**	~~fallen~~ ■ gehen ■ heben ■ kommen ■ nehmen ■ passen ■ regen ■ sehen ■ streben ■ tauchen ■ treten

auffallen, ____________________

____

____

2	
be- **er-** **ver-**	~~achten~~ ■ bergen ■ decken ■ geben ■ halten ■ kämpfen ■ meiden ■ raten ■ reichen ■ setzen ■ teilen ■ tragen ■ urteilen ■ wachsen ■ weisen ■ wirken

beachten, ____________________

____

____

b Setze die Verben aus a1 ein.

1 Es ist mir sofort *aufgefallen,* dass du jetzt eine andere Frisur hast.

2 Wenn man im Ausland lebt, muss man sich an eine andere Lebensweise ____________ .

3 Bei diesem Job ____________ es vor allem darauf ____________ , wie flexibel und belastbar man ist.

4 Die Wissenschaftler behaupten, dass Küssen den Kreislauf ____________ .

5 In jeder Beziehung kann es passieren, dass Probleme ____________ :

6 In diesem Fußballspiel müssen wir gegen eine ziemlich starke Mannschaft ____________ .

7 Unser Land ____________ gute Beziehungen mit allen anderen Ländern ____________ .

8 Es war ein Glück, dass mich dieser Sportverein ____________ , denn er ist der Beste in unserer Stadt.

c **Setze die Verben aus a2 ein.**

1 Es ist wichtig, dass man sich nach einem Streit wieder ______________________ .

2 Dieses Treffen hat sich ganz zufällig ______________________ , es war nicht geplant.

3 Ihr gutes Aussehen ______________________ , dass viele Männer sie nur wegen ihrer Schönheit ______________________ und nicht um ihrer selbst willen.

4 Privat hatte er nicht viel Glück, aber beruflich hat er viel ______________________ .

5 Dieses Medikament hat sich als total wirkungslos ______________________ .

6 Ärzte raten jüngeren Jugendlichen von Schönheitsoperationen ab, weil sich körperliche Mängel in diesem Alter noch ______________________ können.

7 Die Batterien sind leer, du musst sie durch neue ______________________ .

15 Welches Nomen passt nicht?

1 Könntest du mir vielleicht … beibringen?
A einen Stuhl
B Tennis
C das neue Computerspiel

2 Letztes Mal haben wir im Unterricht … interpretiert.
A ein Gedicht von Schiller
B Körpersprache
C die Missbildung

3 Hier liegt wahrscheinlich … vor.
A ein Missverständnis
B ein Signal
C eine Missbildung

4 Am Ende haben wir uns doch … entschlossen.
A zur Pubertät
B zur Ganztagsschule
C zu einem Folgeeingriff

5 Ich würde … auf jeden Fall befürworten.
A eine Nasenkorrektur
B Akne
C die Behandlung

6 Ich empfinde … als sehr angenehm.
A ihre Stimme
B das Gefühl
C das Gehirn

7 Er hat sehr unter … gelitten.
A der Stimmung
B den Beleidigungen
C dem Kriterium

8 Viele Eltern sind für … eingetreten.
A eine Ganztagsschule
B mehr Engagement
C den Widerwillen

9 Am meisten stört mich … .
A die Entstellung
B die Anziehungskraft
C die Behinderung

10 Während des Vortrags hat der Redner mehrmals … zum Ausdruck gebracht.
A seinen Widerwillen
B seine Gefühle
C seine Mimik

11 Wir können uns mit … trösten, dass wir wenigstens ein paar interessante Informationen bekommen haben.
A dem Gedanken
B der Konvention
C dem Fazit

16 Finde das passende Nomen. Das Lösungswort nennt eine Eigenschaft, die wahrscheinlich die meisten angenehm finden. (ö=ö)

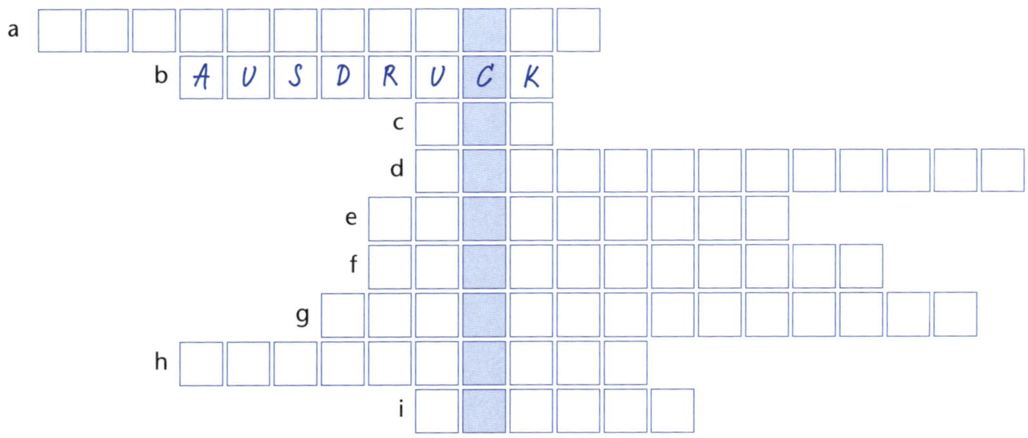

a diese Institution zahlt den Arzt und die Medikamente, wenn wir krank sind
b unser Gesicht zeigt, was wir empfinden
c damit hören wir
d Mimik, Gestik, Körperhaltung
e etwas, wo alle hinschauen
f wenn man körperlich oder geistig bleibend geschädigt ist
g wenn man sich mithilfe einer Operation eine schönere Nase machen lässt
h eine super Figur
i wenn wir sprechen, hört man unsere …

17 Benutze Adjektive aus der Wortliste und bilde Sätze wie im Beispiel.

1 Wenn jemand sich gar nicht freundlich verhält, sondern eher böse und aggressiv, sprechen wir von *feindlichem Verhalten.* ______

2 Ein Projekt, über das man sich nicht einig ist, ist ______ .

3 Eine Beziehung, die nicht oberflächlich und unbedeutend ist, sondern das Gegenteil, ist ______ .

4 Männer, die sehr auf ihr Aussehen achten, sind ______ .

5 Gründe, die nicht besonders wichtig sind, nennt man ______ .

6 Wenn das Äußere nicht vernachlässigt aussieht, ist es ______ .

7 Einen Körperteil, der nicht normal gebildet ist, bezeichnen wir als ______ .

8 Kritik, die man zu Recht übt, ist ______ .

18 Ergänze Adverbien aus dem Kasten. (Drei bleiben übrig.)

aufmerksam ■ durchschnittlich ■ erheblich ■ grundsätzlich ■ lebenslang ■ offensichtlich ■ öffentlich ■ problemlos ■ übereinstimmend ■ unbewusst ■ zudem

1 Männer und Frauen haben ______ nichts gegen Schönheit.

2 Dieser Schauspieler sieht gut aus und ist ______ ein guter Mensch.

3 Menschen sollten nicht ______ unter Missbildungen leiden.

4 Meine Freundin ist ______ mit ihrem Aussehen zufrieden, denn sie wirkt sehr selbstbewusst.

5 Dieser Sänger ist schon im Alter von 12 Jahren zum ersten Mal ______ aufgetreten.

6 In einer Behindertenklasse sind ______ 20 bis 25 Prozent nicht behinderte Schüler. Das ist eine günstige Zusammensetzung, denn bei ______ mehr Nichtbehinderten entstehen eher Probleme.

7 Eltern und Lehrer haben ______ festgestellt, dass das integrative Modell erfolgreich ist.

19 Wo im Kursbuch in Lektion 9 stehen die unterstrichenen Ausdrücke? Such die Textstelle und ersetze den Ausdruck durch einen anderen mit gleicher Bedeutung.

Seite im Kursbuch

1 Schöne Menschen fallen durch ihr gutes Aussehen sofort ins Auge.

Auf schöne Menschen achtet man wegen ihres guten Aussehens sofort. — *S. 112*

2 Diese Person kann ich überhaupt nicht leiden.

____ __________

3 Viele Menschen gehen auf Distanz, wenn man über dieses Thema spricht.

____ __________

4 Es wird schon alles gut gehen! Ich drück dir die Daumen!

____ __________

5 Wenn man täglich mit diesem Problem konfrontiert ist, lernt man, damit umzugehen.

____ __________

6 Auf diese Weise können wir unsere Gefühle zum Ausdruck bringen.

____ __________

7 Sie ist eine tolle Frau! Keine Spur von Starallüren.

____ __________

8 Männer würden sich für ihre Traumfrau sogar unters Messer legen.

____ __________

9 Auf diese Weise kann man Vorurteile abbauen.

____ __________

10 Man sollte vorher unbedingt einen Psychologen zurate ziehen.

____ __________

Lernerfolgskontrolle

Das habe ich in Lektion 9 gelernt:		Wo?	Ich kann es jetzt.* 1	2	3	4
Lesen	in Texten wichtige Einzelinformationen verstehen		■	■	■	■
	den Zusammenhang eines Textes erkennen		■	■	■	■
	die Einstellung/Meinung anderer erkennen und mit eigenen Worten wiedergeben		■	■	■	■
Hören	komplexe Informationen in Hörtexten verstehen		■	■	■	■
Schreiben	Notizen zu einem Text machen		■	■	■	■
	Notizen zu einem Thema machen		■	■	■	■
	Protokoll zu einem Gespräch schreiben		■	■	■	■
	einen Leserbrief schreiben		■	■	■	■
	Ausdrucksfehler korrigieren (s. Schreibtraining)		■	■	■	■
Sprechen	über Aussehen und Behinderung sprechen		■	■	■	■
	persönliche Meinung äußern, mit Argumenten stützen		■	■	■	■
	sich an Gesprächen beteiligen		■	■	■	■
	mithilfe von Notizen über einen Text berichten		■	■	■	■
Internet	im Internet gezielt Informationen zum Thema finden		■	■	■	■
Aussprache	*s, sch, sp* und *st*		■	■	■	■
Grammatik	Adjektivdeklination, auch nominalisierte Adjektive		■	■	■	■
	Ausdrücke mit Präpositionen		■	■	■	■
Wortschatz	Wortschatz zum Thema „Aussehen und Behinderung"		■	■	■	■

* Notiere, was auf dich zutrifft.

1 = SEHR GUT (fast keine Fehler)
2 = GUT (wenige Fehler)
3 = ZIEMLICH GUT (mehrere Fehler)
4 = NOCH NICHT SO GUT (viele Fehler)

1 Wie wird das Futur hier verwendet: als Absicht/Wunsch/Plan (A) oder als Prognose/Vermutung (P)?

KB → nach GR1

1 ☐ Wir werden nächsten Montag umziehen.
2 ☐ Der Umzug wird wohl nicht länger als fünf Stunden dauern.
3 ☐ Die ganze Familie wird sich in dieser Wohnung sehr wohlfühlen.
4 ☐ Ich werde ein Haustier haben, vielleicht eine Katze oder eine Maus.
5 ☐ Ich werde am Wochenende beim Saubermachen helfen.
6 ☐ Wir werden wohl den ganzen Samstag und den ganzen Sonntag zu tun haben.
7 ☐ Wir werden natürlich auch die Nachbarn kennenlernen.
8 ☐ Meine Eltern haben gesagt, sie werden mir ein neues Fahrrad kaufen.
9 ☐ Es wird wohl ein City-Bike sein.

2 Antworte auf die Frage, indem du eine Vermutung äußerst. Benutze dazu *werden*.

KB → nach GR1/Fortsetzung

1 Wo wollt ihr diesen Sommer Urlaub machen? (Gardasee)

Dieses Jahr werden wir wohl an den Gardasee fahren.

2 Wer ist an der Tür? (Briefträger)

____

3 Was kostet denn so ein Computer? (über 1000 Euro)

____

4 Woher kommt diese Reisegruppe? (China)

____

5 Kennst du den Mann, der neben deiner Schwester steht? (Kollege)

____

6 Wie alt ist dieses Kätzchen? (erst ein paar Wochen alt)

____

7 Warum ist deine Katze so aggressiv? (ihre Jungen beschützen wollen)

____

8 Warum sind Anna und Stefan immer zusammen? (sich sehr mögen)

____

3 Äußere eine Vermutung in der Vergangenheit und benutze dazu Futur II.

KB → nach GR1/Fortsetzung

Beispiele für Futur II:
Ich werde ihn wohl geärgert haben.
Du wirst ihn wohl sehr geliebt haben.
Sie/Er wird wohl kein Geld mehr gehabt haben.

Beim Sprechen benutzen wir meistens das Perfekt und „wahrscheinlich", „möglicherweise" o.Ä.: *Wahrscheinlich hat sie kein Geld gehabt.*

1 Warum weint das Kind? (Spielzeug verloren)

Es wird wohl sein Spielzeug verloren haben.

2 Im letzten Jahr hat Peter seinen Freunden überhaupt keine Geschenke gemacht. (finanzielle Schwierigkeiten haben)

3 Lisa und Katrin sprechen nicht mehr miteinander. (sich streiten)

4 Ich fürchte, Achim hat den Test nicht besonders gut geschrieben. (sich nicht gut vorbereiten)

5 Eva sieht aber sehr müde aus! (nicht gut schlafen)

6 Hans war die ganze letzte Woche nicht im Fitness-Center. (Überstunden machen)

7 Ich glaube, Sarah arbeitet nicht mehr in dieser Firma. (einen besseren Job finden)

8 Ich habe gehört, Familie Huber wohnt jetzt in einem tollen Einfamilienhaus. (im Lotto gewinnen)

4 So wird unser Leben in der Zukunft aussehen

KB → nach GR1/Fortsetzung

Schreib den Text als Prognose mit *werden*.

Beim Aufwachen kommt uns schon der Geruch von frisch gemachtem Kaffee und knackigen Brötchen entgegen. Dann gehen wir ins Bad und duschen uns von Kopf bis Fuß hellwach – wir stellen noch nicht einmal die Wassertemperatur ein, denn das regelt sich automatisch. In der Zwischenzeit mäht im Garten ein solarbetriebenes Gerät den Rasen. Man kann das Gerät natürlich auch abschalten, denn manchmal will man seine Ruhe haben.

Ganz allgemein kann man sagen, dass die Technik nicht unser Leben bestimmt, sondern dass wir die Technik kontrollieren.
Aber fühlen wir uns im Haus der Zukunft auch so richtig wohl und heimisch? Ok, wir kaufen online ein, wir gehen nicht mit Hunderten von anderen Familien am Freitagnachmittag in den Supermarkt. Die Waren werden in der Skybox hinterlassen, einer Art Warenbriefkasten, den der Lieferant von außen mit seiner Chipkarte öffnet. Dass die Waren angekommen sind, erfährt man sofort per SMS auf dem Handy oder per E-Mail auf dem Computer. Aber wo bleibt das individuelle Einkaufen: das Prüfen und Auswählen von Waren, das Gespräch mit anderen Kunden, in dem man sich über die hohen Preise beschwert?
Oder müssen wir zum Plaudern ins Internet?

Beim Aufwachen wird uns schon …

5 Schreib Dialoge wie im Beispiel.

KB → nach Cd

~~Wofür?~~ ■ Womit? ■ Woran? ■ Worauf? ■ Woraus? ■ Worüber?
■ Worüber? ■ Worum? ■ Wovon? ■ Wozu?

1 *Wofür interessierst du dich? – Für Hip-Hop. –*
Dafür interessiere ich mich auch.

2 ________________ beschäftigst du dich am liebsten in deiner Freizeit? –
________________________________ . – ________________________________ .

3 ________________ legst du bei der Berufswahl den größten Wert?
________________________________ . – ________________________________ .

4 ________________ geht es hier eigentlich?
________________________________ . – ________________________________ .

5 ________________ habt ihr euch schließlich entschlossen?
________________________________ . – ________________________________ .

6 ________________ denkst du?

________________________________ . – ________________________________ .

7 ________________ habt ihr euch jetzt gerade gestritten?

________________________________ . – ________________________________ .

8 ________________ sprecht ihr gerade?

________________________________ . – ________________________________ .

9 ________________ ärgerst du dich eigentlich?

________________________________ . – ________________________________ .

10 ________________ besteht eigentlich dieses Lehrwerk?

________________________________ . – ________________________________ .

6 *KB → nach Cd/Fortsetzung*

Schreib Dialoge wie im Beispiel.

Bei Personen:

auf wen?	Bei Fragen: Präposition + Fragewort
auf den Elektriker/auf ihn	Bei Aussagen: Präposition + Nomen *oder* Präposition + Pronomen

1 warten/Elektriker

Auf wen wartest du? Auf den Elektriker?

Ich warte auch auf ihn.

2 am besten hineinversetzen/Streitschlichter

____

____

3 sich wenden/Psychologin

____

____

4 sich treffen/Mitschüler

____

____

5 sich verlieben/neue Mitschülerin

____

____

6 denken/Roberto

____

____

7 sich am liebsten unterhalten (mit)/Marina

____

____

8 Angst haben (vor)/Herr Breitmüller

____

____

7 Schreibtraining: Korrektur von Grammatik- und Ausdrucksfehlern

KB → nach GR2

Eine Freundin hat dich darum gebeten, einen Leserbrief zu korrigieren, da du besser Deutsch kannst.

Wenn ein Fehler im Wort ist, schreib das Wort oder den Ausdruck richtig an den Rand. Bei einem Fehler in der Satzstellung, schreib das falsch platzierte Wort an den Rand, zusammen mit dem Wort, mit dem es stehen soll (s. Beispiel unten).
(Im Brief sind insgesamt 14 Fehler.)

Sehr geehrte Damen und Herren,

mit großem Interesse ich habe Ihren Artikel vom 14.10. mit dem Titel	*habe ich*
„Wohnen in der Zukunft" gelesen. Darin geht es für den vollautomatischen	
Haushalt, nur die Kinder werden noch von den Eltern erzogen! Aber	
wie lange noch? Setzen Wissenschaftler vielleicht schon an einem	
Projekt, das den Eltern auch die Kindererziehung abnimmt? Und hier	
sich für mich die Frage stellt: Wollen wir das überhaupt?	
Tatsächlich haben die technischen Geräte die Hausfrau in den	
60er- und 70er-Jahren stark entlastet, sodass die Frau leichter ein	
Beruf ausüben konnte. Insofern hat die Technologie zur	
Unabhängigkeit der Frau beigetragen.	
Andererseits würde die Hausarbeit dadurch aber auch	
„entwertet": Mithilfe der Mikrowelle kann man in eine	

Viertelstunde ein fertiges Essen auf den Tisch zaubern. Dann kommt das schmutzige Geschirr in die Waschmaschine, Spülmittel dazu und … fertig! Ist das Arbeit?

Der Preis für diese Leben ist jedoch hoch. Die Mutter ist, genau wie der Vater, den ganzen Tag bei der Arbeit, die Kinder sind sich selbst überlassen und sie entweder hängen vor dem Fernsehen herum oder chatten im Internet!
In der Schule beklagen sich die Lehrer über seine Konzentrationsschwäche und erklären die schwache Note mit dem Überangebot an Medien! Zu viel auch hier, wo weniger Quantität sicher mehr Qualität bedeuten würde!

Trotzdem meine Forderung: Zurück zu weniger Technologie, dafür mehrere Aktivität und Eigeninitiative, Kreativität und Kommunikation!

Mit freundlichen Grüßen
Silva Bauer

8 Mündlicher Ausdruck: Foto auswählen

KB → nach Cd/Fortsetzung

Wählt für einen Beitrag in einer Zeitschrift zum Thema „Wie wir morgen leben" eines der drei Fotos aus.
Benutzt dabei, soweit sinnvoll, die entsprechenden Redemittel (s. Lektion 5, Übung 8).

9 Helene Lange

KB → nach E

Lies den Text und kreuze die richtige Antwort an. Es gibt jeweils nur eine richtige Lösung.

Helene Lange

Die Lehrerin und Feministin kämpfte ihr Leben lang für das Recht von Mädchen und Frauen auf Bildung

Ende des 19. Jahrhunderts sind die Bildungschancen für Mädchen miserabel. Eigentlich gibt es in jener Zeit nur einen Grund, Mädchen den Schulbesuch zu gestatten: Der deutsche Mann soll „nicht durch die geistige Kurzsichtigkeit und Engherzigkeit seiner Frau an dem häuslichen Herde gelangweilt und in seiner Hingabe an höhere Interessen gelähmt" werden, heißt es in einer Denkschrift der Mädchenschulpädagogen aus dem Jahr 1872.

Helene Lange hat Glück: Geboren am 9. April 1848 in Oldenburg, wächst sie in einem liberalen Elternhaus auf. „Wir durften wir selbst sein und wir selbst werden", schreibt sie in ihren „Lebenserinnerungen". Und doch bemerkt sie schon früh, dass Mädchen und Jungen unterschiedlich behandelt werden. Während die Brüder im Garten spielen, muss sie im Haus auf das Baby aufpassen. „Es war so ein dumpfes erstes Gefühl von ‚der Frauen Zustand ist beklagenswert'."

Helene will die gleichen Rechte wie ihre Brüder, und vor allem: Sie will lernen. Das intelligente Mädchen saugt alles Wissen in sich auf. Doch als Helene 16 Jahre alt ist, endet ihre sorglose Kindheit: Nachdem sie ihre Mutter bereits mit sieben Jahren verloren hatte, stirbt 1864 auch ihr Vater. Die Vollwaise verlässt die Schule und zieht für das damals übliche „Pensionsjahr" in ein schwäbisches Pfarrhaus nach Eningen bei Reutlingen. Hier macht das junge Mädchen eine völlig neue Erfahrung: Frauen werden bei Unterhaltungen ausgeschlossen, ihre Meinung ist nicht gefragt. Das scheint niemanden zu stören, die Frauen ordnen sich ohne Widerspruch unter. Bis auf Helene. Doch ihre Kritik nimmt man nicht ernst: „Man lachte wohl herzlich, wenn ich bei Gelegenheit empört sagte: ‚Tante, warum lasst ihr euch das nur gefallen', spottete gutmütig, wenn ich von der Möglichkeit sprach, dass auch den Frauen die Universitäten sich einmal erschließen würden."

Aber Helene lässt sich nicht beirren: 1871 wird sie volljährig und zieht nach Berlin, um Lehrerin zu werden. Sie hat ein wenig Geld geerbt, außerdem gibt sie Privatstunden. Nachdem sie 1872 ihre Prüfungen am Lehrerinnenseminar auf Anhieb besteht, kann sie endlich unterrichten.

Schnell stellt sie fest, dass das Niveau der Mädchenschulen erschreckend ist. Die schlecht ausgebildeten Lehrerinnen werden vom Verein für das höhere Mädchenschulwesen kategorisch abgelehnt. Helene will das nicht hinnehmen. In Petitionen, damals das einzige, oft wenig wirkungsvolle Kampfmittel, fordert sie von der Regierung mehr und besser ausgebildete Lehrerinnen. 1873 verfasst sie die „Gelbe Broschüre": Diese Denkschrift, die einer Petition an das Kultusministerium beigelegt wird, macht Helene Lange berühmt. Intelligent und logisch, aber auch mit Witz und Ironie weist Helene darin den Männern ihre Schwächen nach. Denn, so schreibt sie in ihren Memoiren: „Es ist ein Stück naiver, männlicher Eitelkeit, ihre Welt für die beste der Welten, für die einzig mögliche Welt zu halten."

1890 gründet Helene Lange den Allgemeinen Deutschen Lehrerinnenverein, dessen Vorsitzende sie 31 Jahre lang bleibt. Ein Jahr zuvor, 1889, hat sie einen entscheidenden Schritt gemacht: Sie bietet die ersten privaten Realschulkurse für Frauen an. Auf dem Stundenplan: Mathematik und Naturwissenschaften, Latein, Geschichte und Nationalökonomie sowie Deutsch, Französisch und Englisch.

Nach drei Jahren wandelt Helene die Realkurse in Gymnasialkurse um. 1896 ist es so weit: Die ersten sechs Frauen, die sie selbst unterrichtet hat, bestehen in Berlin vor einer staatlichen Prüfungskommission das Abitur.

Gegen Ende der Neunzigerjahre macht eine schwere Augenerkrankung Helenes Engagement beinahe ein Ende. Doch da lernt sie Gertrud Bäumer kennen, die für sie Assistentin, Mitkämpferin und Freundin wird. Helene kann ihre Arbeit fortsetzen. Sie ist – trotz schwerer Krankheit – glücklich: „Ich sah die Nachfolge gesichert."

Persönliches gibt Helene Lange nie preis: „Mein eigentliches Privatleben bleibt als unerheblich außer Betracht." Sie heiratet nie, lebt stattdessen viele Jahre mit Dora Sommer zusammen, später mit Gertrud Bäumer. 1928 ehrt die preußische Regierung sie für Verdienste um den Staat mit einer Medaille. Als Helene Lange 1930 stirbt, kommen zu ihrer Beerdigung auch zwei Minister, und auf ihrem Sarg liegt wunschgemäß die schwarz-rot-goldene Fahne: Ihren Kampf verstand sie immer auch als Dienst am Vaterland – einem Vaterland, dessen Männer sie nicht sonderlich schätzte. Helene Langes Bilanz: „Verlasst euch nicht auf die Männer, sie können euch nicht helfen."

1 Aus welchem Grund sollte Ende des 19. Jahrhunderts ein Mädchen die Schule besuchen?
- A Weil der Mann eine gleichberechtigte Partnerin brauchte.
- B Weil eine Frau ihren Mann nicht in seiner geistigen Entwicklung bremsen sollte.
- C Damit die Frauen ihre Hausarbeit angemessen verrichten konnten.

2 Wie wird das Elternhaus von Helene Lange beschrieben?
- A Dort hatten alle Kinder die gleichen Rechte und Pflichten.
- B Dort wurden die Frauen sehr schlecht behandelt.
- C Helenes Eltern waren liberaler, als es damals üblich war.

3 Was erfahren wir über ihre schulische Ausbildung?
- A Sie zeichnet sich in der Schule durch überragende Leistungen aus.
- B Sie bricht die Schule ab, als beide Eltern tot sind.
- C Sie möchte gern bessere Noten haben als ihre Geschwister.

4 Welche Erfahrung macht Helene als Jugendliche von 16 Jahren?
- A Niemand interessiert sich für die Meinung der Frauen.
- B Frauen sind in Gesprächen meist ziemlich unkritisch.
- C Frauen sind an den Universitäten nicht gern gesehen.

5 Was erfahren wir über die Qualifikation der Lehrerinnen an Mädchenschulen?
- A Die Lehrerinnen sind nicht gut ausgebildet.
- B Sie haben meist keine Ausbildung.
- C Sie sind gewöhnlich schlechter ausgebildet als ihre männlichen Kollegen an den Mädchenschulen.

6 Was unternimmt Helene Lange, um Frauen die gleichen Bildungschancen zu ermöglichen wie Jungen?
- A Sie schafft eine Prüfungskommission in den Mädchenschulen.
- B Sie gründet einen Verein, der den Frauen zu besseren Kenntnissen verhilft.
- C Sie bietet Unterricht auf gymnasialem Niveau an, damit die Frauen sich auf das Abitur vorbereiten können.

7 Was erfahren wir über Helene Langes Privatleben?
- A Sie will keine eigenen Kinder haben.
- B Sie lebt im Laufe ihres Lebens mit zwei Frauen zusammen.
- C Sie hat keine Zeit für ein eigenes Privatleben.

8 Welche Meinung hat Helene Lange über die Männer?
- A Sie meint, dass sie nur auf Äußerlichkeiten achten.
- B Sie ist der Meinung, dass Männer die Frauen als Konkurrenz betrachten.
- C Sie findet sie nicht besonders zuverlässig.

LERNWORTSCHATZ

Verben

jdm. etw. abnehmen
(nahm ab, abgenommen)
etw. anbauen
etw. anerkennen (erkannte an, anerkannt)
jdn. ansiedeln
etw. anwenden
ausgehen von (Dat)
(ging aus, ist ausgegangen)
aussterben (starb aus, ist ausgestorben)
etw. bedauern
sich befassen mit (Dat)
sich begeistern für (Akk)
beitragen zu (Dat) (trug bei, beigetragen)
sich beklagen über (Akk)
etw. berechnen
jdn. berechtigen zu (Dat)
etw. bestimmen
etw./jdn. betreuen
jdn. bremsen
etw. durchführen
eingreifen (griff ein, eingegriffen)
sich einsetzen für (Akk)
jdm. etw. empfehlen
(empfahl, empfohlen)
etw. enthalten (enthielt, enthalten)
jdn. entlasten
etw. entwerten
sich entwickeln
sich erfüllen
etw. ermöglichen
etw. erwirtschaften
sich fortbewegen
heulen
sich irren
landen
leuchten
etw. liefern
nachdenken über (Akk)
(dachte nach, nachgedacht)
etw. rückgängig machen
schweben
umdenken (dachte um, umgedacht)
etw. umsetzen
etw. verhindern
etw. verlegen
sich etw. vorstellen
verzichten auf (Akk)
etw. wegwerfen (warf weg, weggeworfen)
sich zurechtfinden
(fand zurecht, zurecht-gefunden)
zurechtkommen (kam zurecht, ist zurecht-gekommen)

Nomen

die Armbanduhr, -en
die Armut
das Atomkraftwerk, -e
die Ausflucht, Ausflüchte
die Auswirkung, -en
die Bankfiliale, -n
der Beamte, -n
die Bereitschaft
die Besitzerin, -nen
das Display, -s
die Erfindung, -en
die Exkursion, -en
die Fehleinschätzung, -en
die Forderung, -en
das Futtermittel, -
der Gehsteig, -e
das Gerät, -e
der Geschirrspüler, -
Gesichtszüge (Pl)
der Heuchler, -
der Industriezweig, -e
das Konzept, -e
das Laufband, -bänder
die Laufbahn, -en
der Luftwiderstand
das Massenprodukt, -e
die Menschheit
die Mikrowelle, -n
die Motivation, -en
das Ökosystem, -e
der Praktikumsplatz, -plätze
der Rassismus
die Röhre, -n
der Rohstoff, -e
der Scanner, -
der Schminkkoffer, -
der Schritt, -e
die Segeljacht, -en
der Sexismus
der Spritpreis, -e
die Teilnahme
die Trägheit
das Überangebot
der Überblick
die Umweltbelastung
das Umweltseminar, -e
das Unternehmen, -
das Vakuum
der Vegetarier, -
die Verbreitung
die Vorkenntnis, -se
der Wandel
der Warenbriefkasten, -kästen
der Wissenschaftler, -
die Wegwerfkleidung
die Weide, -n
die Zielgruppe, -n
der Zivildienst
die Zukunftsvision, -en
die Zusatzqualifikation, -en
der Zusatzstoff, -e

Adjektive und Adverbien

***** wird nur als Adverb gebraucht***

abwegig
angemessen
anständig
berühmt
bisher*
derzeit*
digital
einfallsreich
eingebaut
friedlich
geistig
geregelt
gerührt
heimisch
knielang
konventionell
kreativ
künstlich
naturwissenschaftlich
nebenan*
neuartig
neugierig
notwendig
optimistisch
pessimistisch
rasant
selbstständig
sensationell
solarbetrieben
teilweise*
unzählig
vollautomatisch
zunächst*
zusätzlich

Ausdrücke

etwas als unnütz abtun
es zahlt sich aus
was die Zukunft betrifft
es bleibt alles beim Alten
es bringt nichts
das ist nicht mein Ding
eine Entscheidung fällen
Farbe bekennen
ein konventionelles Leben führen
zum Ziel führen
von Grund auf
eine Familie gründen
einen Kloß im Hals haben
in technischer Hinsicht
große Erwartungen knüpfen an (Akk)
es ist die Rede von (Dat)
sich selbst überlassen sein
Kinder in die Welt setzen
es hat sich wenig getan
etwas zur Verfügung stellen
im Vergleich zu (Dat)
jdn. für dumm verkaufen
sich (nicht) verrückt machen
seit geraumer Zeit
die Dinge auf sich zukommen lassen
in diesem Zusammenhang

10 Verben

Ergänze die passenden Verben aus dem Kasten. (Drei bleiben übrig.)

abnehmen ■ aussterben ■ bestimmen ■ einsetzen ■ empfehlen ■ irren ■ landen ■ leuchten ■ nachdenken ■ schweben ■ vorstellen ■ wegwerfen ■ zurechtkommen

1 Du kannst dir nicht ________________ , wie sehr ich mich über dein Geschenk gefreut habe.

2 Verehrte Fluggäste, wir werden in wenigen Minuten auf dem Rhein-Main-Flughafen Frankfurt ____________ .

3 Du brauchst mir nicht zu helfen, ich ____________ schon allein ____________ .

4 Mit Demonstrationen, Flugblättern und Infoveranstaltungen wollen wir uns für bessere Arbeitsbedingungen ________________ .

5 Das kann nicht sein! Du hast dich sicher ________________ .

6 Bei einem Planspiel wurde eine Getränkeflasche erfunden, die im Dunkeln ________________ .

7 Ich sehe, dass du total überlastet bist. Deshalb möchte ich dir ein paar Arbeiten ________________ .

8 Das Lokal ist wirklich super. Es wurde uns von einem echten Feinschmecker ________________ .

9 Batterien darfst du nicht einfach ________________ , die musst du als Sondermüll entsorgen.

10 Wenn wir nicht mehr für unsere Umwelt tun, werden zahlreiche Tier- und Pflanzenarten ________________ .

11 Welche der drei Verben passen in die zwei Lücken? Setze die richtigen Verben ein.

1 Dieses Diplom wird in allen Ländern der EU ________________ , weil die Grundsätze des Europäischen Referenzrahmens *angewendet* werden. (anbauen/anerkennen/~~anwenden~~)

2 Wenn wir diesen Plan in die Praxis ________________ wollen, müssen wir ________________ . Mit der alten Denkweise kommen wir nicht weiter. (umdenken/umsetzen/umziehen)

3 Die Arbeitgeber versprechen, die Autoproduktion nicht ins Ausland zu ________________ , wenn die Arbeitnehmer auf eine Lohnerhöhung ________________ . (verhindern/verlegen/verzichten)

4 Der Haushaltsroboter, der während einer „Jugend-denkt-Zukunft"-Projektwoche ________________ worden ist, ________________ vor allem die Hausfrau. (enthalten/entlasten/entwickeln)

5 Unter dem Meer gelegene Äcker sollen ______________, dass auch in dichtbesiedelten Ländern genügend Nahrungsmittel, Futterstoffe und Rohstoffe ______________ werden. (erfüllen/ermöglichen/erwirtschaften)

6 Wer sich ständig über zu niedrige Gehälter ______________, sollte sich mal ernsthaft mit dem Thema „Produktivität" ______________. (sich befassen/sich begeistern/sich beklagen)

12 Nomen

a Wie heißt das passende Nomen?

1 Ein Mann, der eine Anstellung beim Staat hat, ist *Beamter.*

2 Dort wird Energie mithilfe der Kernspaltung produziert:

____

3 Charaktereigenschaft, die faule, bequeme Menschen beschreibt:

____

4 Frauen werden nur aufgrund der Tatsache benachteiligt, dass sie Frauen sind:

____

5 Menschen, die durch bestimmte Aktionen, z. B. durch Werbung angesprochen werden sollen:

____

6 Das herrscht in einer Verpackung, wenn dort keine Luft enthalten ist:

____

7 eine Ausrede: ______________________________

8 eine Frau, der etwas Bestimmtes gehört: ______________________________

9 Es werden mehr Produkte angeboten, als die Menschen kaufen und konsumieren wollen:

____

10 eine Substanz, die hinzugefügt wurde: ______________________________

11 Wenn ein Mann nicht zum Militär gehen will, kann er stattdessen in einer sozialen Einrichtung arbeiten: ______________________________

12 Man beurteilt etwas falsch: ______________________________

13 Wenn man offiziell bei etwas mitmacht: ______________________________

14 Das bekommen Tiere zu fressen: ______________________________

b Erkläre folgende Begriffe mit deinen eigenen Worten:

1 Armbanduhr: ______

2 Armut: ______

3 Gehsteig: ______

4 Rassismus: ______

5 Spritpreis: ______

6 Stiefel: ______

7 Vegetarier: ______

8 Wegwerfkleidung: ______

9 Zukunftsvision: ______

13 Adjektive

a Was passt zusammen? Bilde Ausdrücke wie im Beispiel. Manchmal gibt es zwei Lösungen.

angemessen ■ berühmt ■ friedlich ■ geregelt ■ ~~knielang~~ ■ konventionell ■ künstlich ■ neuartig ■ rasant ■ sensationell ■ solarbetrieben

Arbeitszeit ■ Demonstration ■ Entwicklung ■ Erfindung ■ Familie ■ Gehalt ■ Heizung ■ Produktionsmethode ■ ~~Rock~~ ■ Wissenschaftler ■ Zähne

ein knielanger Rock / knielange Röcke

b Schreib mit 6–7 Ausdrücken eine kurze Geschichte.

14 Ersetze den unterstrichenen Ausdruck durch einen Ausdruck aus der Wortliste mit gleicher Bedeutung.

1 Man hat viel vom technischen Fortschritt erwartet.

Man hat große Erwartungen an den technischen Fortschritt geknüpft.

2 Es lohnt sich nicht, wenn man nicht die Wahrheit sagt.

______

3 Viele junge Leute halten es für unverantwortlich, in diesen schwierigen Zeiten Nachwuchs zu bekommen.

______

4 Eigentlich wäre es mir am liebsten, wenn sich nichts ändern würde.

5 In gesellschaftlicher Hinsicht ist wenig passiert.

6 Aber was die Technik betrifft, hat sich unser Leben stark verändert.

7 Wir müssen uns möglichst bald entscheiden.

8 Man spricht viel vom Öko-Führerschein.

9 Niemand kümmert sich um die Kinder.

10 Die anderen halten einen für dumm.

Lernerfolgskontrolle

Das habe ich in Lektion 10 gelernt:		Wo?	Ich kann es jetzt.* 1	2	3	4
Lesen	in Texten wichtige Einzelinformationen verstehen und mit eigenen Worten wiedergeben		■	■	■	■
Hören	komplexe Informationen in Hörtexten verstehen		■	■	■	■
Schreiben	Notizen zu einem Thema machen		■	■	■	■
	Notizen zu einem Text machen		■	■	■	■
	einen Beitrag für das Internetforum schreiben		■	■	■	■
	einen Leserbrief schreiben		■	■	■	■
	Grammatik- und Ausdrucksfehler korrigieren (s. Schreibtraining)		■	■	■	■
Sprechen	über Zukunftsvisionen sprechen		■	■	■	■
	die Einstellung/Meinung anderer erkennen und mit eigenen Worten wiedergeben		■	■	■	■
	persönliche Meinung äußern, mit Argumenten stützen		■	■	■	■
	sich an Gesprächen beteiligen		■	■	■	■
Internet	im Internet gezielt Informationen zum Thema finden		■	■	■	■
Aussprache	–					
Grammatik	Zukunft		■	■	■	■
	Verben mit Präpositionen		■	■	■	■
Wortschatz	Wortschatz zum Thema „Zukunft"		■	■	■	■

* Notiere, was auf dich zutrifft.

1 = SEHR GUT (fast keine Fehler)
2 = GUT (wenige Fehler)
3 = ZIEMLICH GUT (mehrere Fehler)
4 = NOCH NICHT SO GUT (viele Fehler)

Quellenverzeichnis

Bildquellen
Seite 70: Wanderer: ©Istockphoto; tanzende Frau u. Junge: ©Finest Images/Chromorange
Seite 103: Insel Scharfenberg: ©Martin Höfer
Seite 105: links: ©stockphoto; mitte: ©Getty Images/Taxi; rechts: ©Absolut Pictures/A. Pilz
Seite 160: links: ©Finest Images/M. Baumann; mitte: ©dpa picture-alliance/Rolf Vennenbernd; rechts ©stockphoto
Seite 175: links: ©ullstein bild/Imagebroker.net K.; mitte: ©picture-alliance/dpa; rechts: ©Finest images/ Chromorange
Seite 176: Helene Lange: ©ullstein bild

Textquellen
Seite 18: Neue Kommunikationsform: nach Juma TIPP 1/2002
Seite 32: Angebot statt Nachfrage: ©Margit Schröder
Seite 48: Das Buch: Eine vom Aussterben bedrohte Art? ©Jacqueline Giebler
Seite 69: Jugendliche trainieren keine Stunts: ©Juma, 04/2000
Seite 104: Mit dem Boot zum Unterricht: ©Martin Höfer
Seite 110: Unser Ausland: ©Zeitverlag Hamburg, Die ZEIT Nr. 11/7.3.1997, Dorothee Wenner
Seite 154: Weibliche Idole von Jugendlichen: ©Frauen ohne Grenzen
Seite 156: Schade, dass du nicht sehen kannst: ©Eva Papst
Seite 162: So ist es: ©Peter Bichsel
Seite 176: Helene Lange: ©Brigitte Young 8/96, Biggi Mestmäcker

Angaben zur eingelegten CD
Produktion: Tonstudio Langer, Ismaning
Sprecherinnen und Sprecher:
Hubertus von Lerchenfeld, Verena Rendtorff, Roman Rossa, Katherina Schwarzmeier, Tim Schwarzmeier
Laufzeit: ca. 43 Minuten